本书出版受到以下项目资助：

  2020年度教育部高校人文社科项目"创业团队能力配置对双元创新动态平衡的作用机理研究"（20YJC630137）

  2020年度湖南省教育厅优秀青年项目"基于双元创新动态平衡的创业团队能力配置研究"（19B144）

# 快消品致胜之道：
# 品牌延伸与渠道深耕战略

涂艳红　王苏洲　著

图书在版编目(CIP)数据

快消品致胜之道:品牌延伸与渠道深耕战略/涂艳红,王苏洲著.—武汉:武汉大学出版社,2020.12(2022.4 重印)
ISBN 978-7-307-21858-1

Ⅰ.快… Ⅱ.①涂… ②王… Ⅲ.消费品市场—市场营销学 Ⅳ.F713.58

中国版本图书馆 CIP 数据核字(2020)第 204271 号

责任编辑:唐 伟　　责任校对:李孟潇　　版式设计:马 佳

出版发行:武汉大学出版社　　(430072　武昌　珞珈山)
(电子邮箱:cbs22@whu.edu.cn　网址:www.wdp.com.cn)
印刷:武汉邮科印务有限公司
开本:720×1000　1/16　印张:9.25　字数:166 千字　插页:1
版次:2020 年 12 月第 1 版　2022 年 4 月第 2 次印刷
ISBN 978-7-307-21858-1　　定价:30.00 元

版权所有,不得翻印;凡购我社的图书,如有质量问题,请与当地图书销售部门联系调换。

# 目 录

## 第一部分 绪 论

一、研究背景与研究意义 …………………………………………… 1
二、研究目标与研究内容 …………………………………………… 4
三、研究思路与技术路线 …………………………………………… 6
四、研究方法与研究创新 …………………………………………… 7

## 第二部分 中国快速消费品品牌延伸战略

**第一章 中国快速消费品品牌延伸的基本内容** ………………… 13
 第一节 品牌延伸战略概述 ……………………………………… 13
 第二节 中国快速消费品行业对品牌延伸的特殊要求 ………… 42

**第二章 快速消费品不同品牌生命周期阶段的品牌延伸战略** … 49
 第一节 快速消费品品牌初创期的空间预留战略 ……………… 50
 第二节 快速消费品品牌成长期的品质传播战略 ……………… 53
 第三节 快速消费品品牌延伸期的内涵拓展战略 ……………… 58

**第二部分 总结** ……………………………………………………… 70

## 第三部分 快速消费品渠道战略

**第三章 中国快速消费品战略性渠道建设的基本内容** ………… 75
 第一节 战略性渠道建设的概述 ………………………………… 75

第二节　中国快速消费品行业对战略性渠道建设的特殊要求 …………… 85

**第四章　快速消费品不同产品阶段的渠道管理策略** ……………… 92
　　第一节　快速消费品上市阶段的渠道选择策略 ……………………… 93
　　第二节　快速消费品成长阶段的渠道管理策略 ……………………… 100
　　第三节　快速消费品成熟阶段的渠道提升策略 ……………………… 108

**第五章　快速消费品战略性渠道建设的政策制定** ………………… 118
　　第一节　快速消费品渠道的价格政策 …………………………………… 119
　　第二节　快速消费品渠道的推广政策 …………………………………… 124
　　第三节　快速消费品渠道的品牌政策 …………………………………… 128

**第三部分　总结** ……………………………………………………………… 133

**参考文献** ……………………………………………………………………… 135

**后记** …………………………………………………………………………… 145

# 第一部分
# 绪　　论

## 一、研究背景与研究意义

### （一）研究背景

快速消费品（Fast Moving Consumer Goods，FMCG）是消费周期比较短、销售频率快、单位产品价值相对较低的消费商品的统称。快速消费品行业是目前全球第一大产业，也是竞争相当激烈的行业。在中国整个经济向互联网转型的过程中，互联网正在加速淘汰传统产业，快速消费品行业是中国市场化程度最高的行业，也是受移动互联网冲击最大的产业之一。对于快速消费品而言，要想实现企业移动互联网模式转型，就必须做到以消费者为中心，从一个传统的快速消费品公司变成一个以消费者为中心的产品公司。必须重构快速消费品与消费者的沟通模式，夯实品牌管理战略，必须深挖快速消费品在渠道精耕中带给不同目标消费群体的体验。其中有效的品牌延伸战略和渠道深耕战略成为快速消费品营销致胜的法宝。

在中国快速消费品营销实战中，大量知名品牌意识到了品牌延伸和渠道深耕的重要意义，也围绕此两项策略展开了大量的营销实践活动。20世纪90年代以来，大量快速消费品企业开始运用品牌延伸战略来扩展市场，其中既有成功的经验，也有值得反思的教训。比如，对于将"茅台"延伸到葡萄酒、啤酒等产品上，理论界和企业界就有很多的议论和看法。孰是孰非，如果均留待实践去检验，企业也许将为此付出十分惨重的代价。因此，品牌延伸在我国已不单是一个纯粹的学术问题，更是一个亟待研究和探索的重大实践课题。目前，更多的企业不是从经营战略角度来看待品牌延伸这一重要问题，而仅仅是从节省广告费用的支出和减少商标注册手续等眼前利益和战术方面来处理，这种战略上的失误将会导致严重的后果。因此，必须从战略的视角来认识快速消费品的品牌延伸。品牌延伸战略是指导企业品牌延伸活动的总的谋略，它是企业战略的一部分，是企业战略管理过程中自始至终要考虑的一项内容。因此有必要对品牌延伸进行战略管理。然而，在市场实战中，品牌延伸的战略管理似乎并没有引起企业的广泛重视，许多企业是走一步看一步。如果缺乏一个对品牌延伸战略整体运作的长远思路，将导致企业经营的混乱无序，这无疑是对品牌资源的极大浪费。

有些快速消费品企业着手运用渠道深挖战略来精耕市场，以提升其品牌的市场占有率。自20世纪90年代宝洁公司率先开始实施深度分销以来，可口可乐公司、百事可乐公司、顶新集团、统一集团、娃哈哈集团、华润啤酒集团等国际大公司和中国本土企业，都紧随其后向终端和经销商提供服务，一反初始时期单一产品输出和市场支持倾斜政策，代之以积极主动的营销策略为中间商拓展网络、扩充渠道网络成员、强化终端生动化整理等。纵观中国当今许多快速消费品企业的营销策略，不难看出它们都在充分挖掘和运用深度分销的潜力，并把它当作解决渠道问题的终极武器。然而中国快速消费品市场化程度较高，实现厂商一体化或顾客需求市场化程度的标准不会因为企业的某一营销策略实施而改变原有的准入规则，因此中国快速消费品行业的市场渠道建设仍然存在许多让人棘手的问题，突出表现在：经销区域划分和经营区域经济收益的差异性导致行业与行业之间的恶性竞争和区域与区域之间的窜货问题十分严重；厂商之间关系恶化，渠道网络成员忠诚度下降，厂商之间信用度不高；经销商因利益分割不清唯利是图，不注重长期市场战略性伙伴关系的建立；渠道网络成员对广告的依赖性大，普遍缺乏品牌整合营销策划与操作的意识；渠道网络状态多样、复杂、混乱，难以形成真正意义上的信息资源与利益共享的有效营销网络体系。

对中国快速消费品在品牌延伸和渠道建设中存在的诸多问题，笔者认为主要原因在于在品牌延伸方面缺乏全局性、长远性和动态性的思考，在渠道建设方面生产企业与经销商、网络成员之间缺乏对市场长远的市场运营规划，通过应急的促销方案人为地放大市场需求，都在以牺牲长远经营利益为代价来追求短期目标利益最大化。企业对市场营销管理的认识，特别是对渠道网络的认识非常浅薄，缺少网络运营规划意识；渠道网络信息流管理落后，信息不全面、不客观；对终端的作用认识不足，片面强调网络的扁平化，过分重视终端，疏于对渠道网络成员的指导与培训。

基于此，笔者一方面主张在快速消费品整个品牌生命周期中都对品牌延伸给予充分的考虑和关注，打破传统的品牌生命周期理论，倡导研究品牌延伸战略管理，提高品牌延伸理论研究水平和实际能力，推进企业理性、成功延伸品牌；另一方面主张从战略的高度对中国快速消费品渠道建设中的价格政策、推广政策以及品牌政策等各方面进行规范化论证，以期通过以渠道建设为突破口，帮助中国快速消费品企业成功地找到根本出路。

(二) 研究意义

随着市场竞争程度的加剧，快速消费品的品牌延伸已面临着越来越大的风险。利用已有品牌的价值和品牌资产，通过延伸转移到新产品或服务上，可以大大降低新产品进入市场的风险。目前我国已经进入了品牌社会，快速消费品行业的大中型企业面对同行业之间的激烈竞争，要在市场占据一席之地，快速消费品企业在品牌建设中一方面需要适时、适度地做好品牌延伸，提高综合效益；另一方面必须加强对品牌延伸的战略性管理，构建快速消费品品牌延伸战略整体运作的长远思路，避免企业经营的混乱无序和品牌资源的极大浪费。基于此，笔者主张在整个品牌生命周期中都对品牌延伸给予充分的考虑和关注，同时必须打破传统的品牌生命周期理论，构建快速消费品品牌生命周期三个阶段模型，倡导研究品牌延伸战略管理，既是提高品牌延伸理论研究水平和实际能力的需要，也是推进企业理性、成功延伸品牌的要求。所以重视品牌延伸战略管理的研究，具有较为重要的理论价值和实践意义。

快速消费品的战略性渠道建设理论是指导快速消费品行业真正实现"渠道领先""渠道出效益"的重要指导思想，它是一项看似高层次却更贴近营销一线的营销课题。通过对本论题的研究，笔者试图帮助快速消费品企业逐步摆脱对广告的严重依赖，打破与分销商之间利差设计的资源分配不合理现状，改变渠道效率严重低下的问题，而代之以根据自身的战略要求，制订有针对性的渠道战略规划，对产品成长各个阶段分别可能出现的问题进行合理预警，并提出解决方案。改变渠道管理人员充当"临时谈判与周旋专家"哪儿出现问题往哪赶，不能从根本上解决渠道建设中出现的各种问题，同样类型的问题在不同区域市场一再出现，渠道人员疲于应付，只好以高额返利政策来作为对分销商的赔偿的现状。分销商永远也填不饱，他们不是致力于解决问题而是致力于制造问题以作为向制造商索取"政策"的砝码；最后导致制造商企业被分销商拖垮。这是中国多数缺少战略性渠道建设的快速消费品企业最终走向覆灭的原因。笔者在本书中试图从战略的高度对中国快速消费品渠道建设中的价格政策、推广政策以及品牌政策等各方面进行规范化论证，以期通过以渠道建设为突破口，帮助中国快速消费品企业成功地找到根本出路。因此，本论题的研究对中国快速消费品行业具有重大的现实意义。

## 二、研究目标与研究内容

### （一）研究目标

本书旨在从品牌延伸和渠道深耕两个方面探讨中国快速消费品的营销致胜之道。在全面分析中国快速消费品面临的市场环境和品牌发展状况的基础上提出不同品牌生命周期阶段的品牌延伸策略；在分析中国快速消费品特征和市场特点的基础上，提出产品不同生命周期阶段的快速消费品渠道管理策略，以期为中国快速消费品品牌延伸和渠道管理提供新的方法和管理策略。具体研究目标如下：

（1）在理论创新方面的目标。

本研究以情感迁移理论和产品生命周期理论为基础，结合中国快速消费品品牌延伸和渠道管理中的消费者行为理论和营销传播理论的相关理论成果，探索中国快速消费品品牌延伸理论模型和渠道深耕应用，构建中国市场环境下快速消费品品牌延伸和渠道建设交互作用模型从理论方面进一步补充和完善中国市场环境下的品牌延伸理论、渠道管理理论以及消费者行为理论；探索完善中国快速消费品营销管理理论的新视野和新方法。

（2）在实践应用方面的目标。

提出各项品牌延伸和渠道深耕等政策举措并通过实践应用对提出的各项品牌延伸和渠道建设战略举措对于促进中国快速消费品企业绩效提升重要作用进行检验，在此基础上对策略措施进行调整和修正，使本书提出的品牌延伸和渠道深耕战略举措能够真正服务于快速消费品市场占有率、消费者满意度等发展目标的实现。

### （二）研究内容

本书以文献（资料）阅读分析与访谈相结合的研究方法、关键事件法、层次分析法（AHP）、数据包络分析方法（DEA）、ATS 资源配置模型以及系统仿真（system simulation）等方法为基本研究方法，从快速消费品特征和中国市场环境特点着手，分析中国快速消费品品牌延伸和渠道管理过程中存在的问题。提出中国快速消费品不同品牌发展阶段的品牌延伸战略和产品不同生命周期阶段的快速消费品渠道管理策略，构建基于品牌生命周期的快速消费品三阶段模型，提出不同品牌生命周期阶段的品牌延伸策略，在此基础上，从产品、价格、品牌、传播等多个方面提出中国快速消费品的渠道管理政策，以期为中国快速消费品品牌延伸和渠道管理提供新的方法和管理策略。研究内容主要包含以下三个方面：

（1）中国快速消费品的特征和在中国市场进行品牌延伸和渠道管理的着力点和主要内容。

详细分析快速消费品的特征和中国市场环境的特殊性，对后续中国快速消费品品牌延伸和渠道深耕战略管理涉及的理论概念、宏观环境、特殊要求以及论题研究的基本着力点进行了详细的论述，为后续论及的实践性较强的操作策略的实施奠定基础。

（2）中国快速消费品品牌延伸战略。

在总结前人对品牌的各种定义的基础上，对品牌下了一个较为完整的定义；对品牌延伸的含义进行了界定；对品牌延伸的类型和品牌延伸策略进行阐述。在此基础上分析快速消费品实施品牌延伸的内在外在动因和内在动因分析，进一步探讨快消品是品牌延伸成功的因素，最后构建快速消费品品牌延伸三环图对品牌延伸的成功因素进行了图示分析，指导企业若要进行品牌延伸，基于快速消费品品牌生命周期的品牌延伸战略管理，构建快速消费品品牌生命周期三阶段模型，构建了一个基于品牌生命周期的品牌延伸战略管理体系。

（3）中国快速消费品渠道深耕战略。

在全面分析中国市场环境中快速消费品渠道建设存在的问题及其原因的基础上，提出中国快速消费品进行渠道管理的特殊性和主要着力点，以快速消费品渠道建设的不同发展阶段为主线，从战略的高度对快速消费品渠道上市阶段、成长阶段、成熟阶段渠道建设的重点、可能出现的问题以及预防和解决办法进行了全面论述。最后就快速消费品渠道建设全程中的价格政策、推广政策、品牌政策进行了综合，以期能够帮助中国快速消费品企业找到正确有效的操作方法。

## 三、研究思路与技术路线

### （一）研究思路

本书旨在从品牌延伸和渠道深耕两个方面探讨中国快速消费品的营销致胜之道。本书以中国市场中的快速消费品企业为研究对象，以快速消费品的品牌延伸和渠道深耕为决策变量，以构建基于品牌生命周期的快速消费品三阶段模型，提出不同品牌生命周期阶段的品牌延伸策略；在分析中国快速消费品特征和市场特点的基础上，提出产品不同生命周期阶段的快速消费品渠道管理策略，在此基础上，从产品、价格、品牌、传播等多个方面提出中国快速消费品的渠道管理政策，以期为中国快速消费品品牌延伸和渠道管理提供新的方法和管理策略。研究过程中采用了文献（资料）阅读分析与访谈相结合的研究方法、关键事件法、层次分析法（AHP）、数据包络分析方法（DEA）、ATS资源配置模型以及系统仿真等方法分析提出的各项品牌延伸和渠道建设战略举措对于促进中国快速消费品企业绩效提升的重要作用，在此基础上对策略措施进行调整和修正，使得本书提出的品牌延伸和渠道深耕战略举措能够真正服务于快速消费品市场占有率、消费者满意度等发展目标的实现。

根据研究目标和研究内容，本书分为三部分。

第一部分介绍快速消费品品牌延伸和渠道深耕的背景和意义、本书的研究目标和研究内容、研究思路和技术路线以及研究方法和研究创新。

第二部分就快速消费品的品牌延伸战略展开探讨，主要包括以下四个方面的内容，一是品牌延伸概述。首先在总结前人对品牌的各种定义的基础上，对品牌下了一个较为完整的定义；然后，在此基础上，对品牌延伸的含义进行了界定；接着，对品牌延伸的类型进行了阐述；最后，阐述了企业根据不同的情况可采用的不同的品牌延伸策略，为后续战略研究做好铺垫。二是快速消费品实施品牌延伸的动因分析。主要从两个方面来进行分析，即外在动因和内在动因。外在动因三者之间的关系是层层递进的，从而说明了品牌延伸是适应外界环境压力的防御性措施；而内在动因则说明了品牌延伸给市场营销活动乃至快速消费品企业可持续性经营带来的种种好处和效益。三是快消品是品牌延伸成功的因素探讨。在内外动因的共同驱使下，如今众多的快速消费品企业都愿意通过品牌延伸，来充分挖掘品牌的潜在优势。然而，怎样规避失败，如何探求成功呢？本书以整体营销思想为指导，系统地探讨促使品牌延伸成功的主要因素及其内在关系，并构建了一个快速消费品品牌延伸三环图对品牌延伸的成功因素进行了图示分析，从而指导企业若要进行品牌延伸必须严格按照品牌延伸三环图，将强势品牌、相似性、新产品本身的成功这"三步曲"同时演奏，三位一体，才可达到兵法上的"先胜而后求战"的境界。四是基于快速消费品品牌生命周期的品牌延伸战略管理。构建了快速消费品品牌生命周期三阶段模型，构建了一个基于品牌生命周期的品牌延伸战略管理体系。企业在经营之初，就应对未来的发展作长远的规划，即从品牌定位和品牌命名两方面着手，为品牌延伸预留空间；在品牌成长时期，应尽量积累品牌资产，即以主导产品为载体，从知名度、美誉度、忠诚度、品牌联想等资产要素入手，积极、全面、有效地提升品牌资产，打造强势品牌，积聚品牌延伸的力量，为日后的品牌延伸奠定基础；进入品牌延伸期，为了保证品牌延伸能具体有效的实施则应做好以下几个方面的工作：确定延伸类型、确定延伸产品、选择延伸策略、设计营销计划、整合品牌形象、评估延伸效果。

第三部分就快速消费品的渠道深耕战略展开探讨，主要包括以下三个方面的内容。一是对本部分中涉及的理论概念、宏观环境、特殊要求以及论题研究的基本着力点进行了详细的论述，为后续论及的实践性较强的操作策略的实施奠定了基础。二是以快速消费品渠道建设的不同发展阶段为主线，从战略的高度对快速消费品渠道上市阶段、成长阶段、成熟阶段渠道建设的重点、可能出现的问题以及预防和解决办法进行了全面论述。三是就快速消费品渠道建设全程中的价格政策、推广政策、品牌政策进行了综合，以期能够帮助中国快速消费品企业找到正确有效的操作方法。

（二）技术路线图（见图1）

### 四、研究方法与研究创新

（一）研究方法

本书在资料收集、方案设计、政策提案与数据处理等方面，都采用了一些关键技术手段和方法，现说明如下：

（1）文献（资料）阅读分析与访谈相结合的研究方法。快速消费品品牌延伸和渠道深耕战略必须建立在对快速消费品特点和营销现状、营销实践中存在的问题和成因以及国内外学者对存在问题的解决举措的充分了解之上，笔者反复阅读了近10年中国快速消费品营销策略、品牌管理和渠道建设等方面的文献资料，对中国快速消费品在品牌管理和渠道建设方面取得的成就和存在的

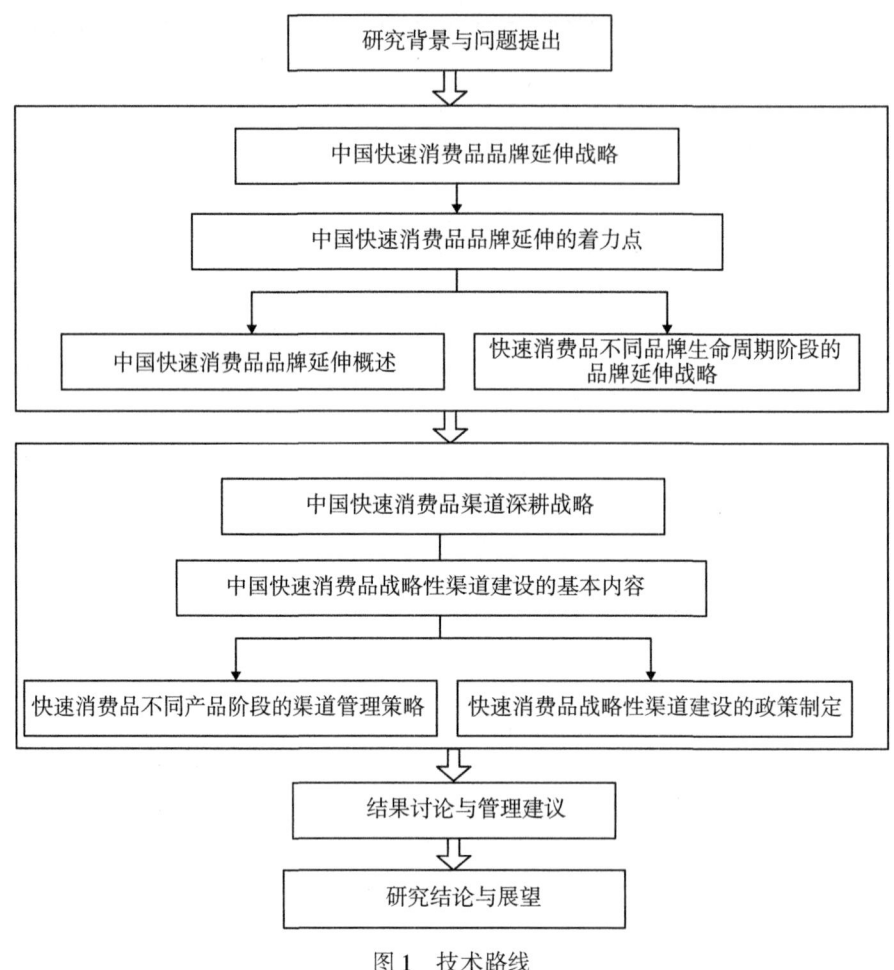

图 1　技术路线

问题进行了分析并作出初步评价。在此基础上，就评价结果对部分快速消费品营销管理人员进行访谈，从而能够更有针对性地提出中国快速消费品品牌延伸和渠道深耕战略举措。

（2）关键事件法，是指确定关键的工作任务以获得工作上的成功。关键事件法要求分析人员、管理人员、本岗位人员，将工作过程中的"关键事件"详细地加以记录，并在大量收集信息后，对岗位的特征和要求进行分析研究的方法。本项目采用关键事件法对快速消费品在营销管理，特别是品牌管理和渠道建设方面的基础条件具有的优势和存在的问题进行分析；在此基础上进一步研究中国快速消费品营销现状，针对性不同生命周期阶段的品牌延伸和渠道深耕策略。

（3）层次分析法（AHP），是一种定性和定量相结合的、系统化、层次化的分析方法。由于它在处理复杂的决策问题上的实用性和有效性，很快在世界范围得到重视。本书采用层次分析法评价中国快速消费品在上市期、成长期、成熟期、衰退期等不同生命周期阶段的渠道建设有效性。

（4）数据包络分析方法（DEA），是对决策单元（DMU）进行相对评价时最常用的方法之一，是运筹学、管理科学和数理经济学交叉研究的一个新的领域，主要思想是通过数学规划计算比较被评价机构之间的相对效率。简单说就是把待决策单元与参考决策单元进行比较得到相对效率。本书采用数据包络分析方法评价本书提出的快速消费品品牌衍生措施。

（5）ATS资源配置模型，指在人极少参与的情况下，自动量测，处理数据，并以适当的方式显示或输出测试结果的方法，应用于资源配置领域是指一种采用匹配函数描述输入变量和输出变量匹配程度的方法。本书采用ATS资源配置模型构建中国快速消费品不同生命周期阶段的品牌延伸和渠道深耕动态模型，并用匹配函数来刻画提出的品牌延伸和渠道深耕战略方案与快速消费品市场占有率、消费者满意度等发展目标的融合。

（6）系统仿真，是根据系统分析的目的，在分析系统各要素性质及其相互关系的基础上，建立能描述系统结构或行为过程且具有一定逻辑关系或数量关系的仿真模型，据此进行试验或定量分析，以获得正确决策所需的各种信息。本书提出的各项品牌延伸和渠道深耕等政策举措只有经过实践检验才能最终广泛推广和实施，为了加强政策举措的运用精准性，本书采用系统仿真方法定量分析项目提出的各项品牌延伸和渠道建设战略举措对于促进中国快速消费品企业绩效提升的重要作用，在此基础上对策略措施进行调整和修正，使得本书提出的品牌延伸和渠道深耕战略举措能够真正服务于快速消费品市场占有率、消费者满意度等发展目标的实现。

（二）研究创新

（1）战略性。在总结比较中国营销界对中国快速消费品品牌延伸和渠道建设基本观点的基础上，指出快速消费品的品牌延伸和渠道建设应是一个战略性的问题。因此本书站在战略的高度对快速消费品不同阶段的特点、可能出现的问题及综合营销策略进行了规范。在总结比较国内外学者对品牌延伸的定义的基础上，指出品牌延伸是指利用已建立的品牌将品牌所标志的对象范围扩大，而利用已建立的品牌包括使用与原品牌名有联系的新品牌名。对品牌延伸这一含义的界定，引发出了对品牌延伸的类型、策略，品牌延伸的成功因素，品牌延伸战略管理等方面的论述。

（2）长远性。对快速消费品企业首先定位于打造长期持续优势品牌，着眼的是企业长远利益的实现和品牌形象的打造。打破了营销界仅从短期角度看待快速消费品品牌延伸和渠道建设的观点。以整体营销思想为指导，系统地探讨了促使品牌延伸成功的因素，并构建了品牌延伸三环图来对这些因素进行图示分析，从而在很大程度上涵盖了品牌延伸过程中所有可能出现的问题。

（3）动态性。将快速消费品的品牌延伸和渠道建设看作一个动态性的管理过程，对品牌延伸和渠道建设各阶段可能出现的问题进行了动态性研究和解决，从品牌生命周期的角度，对品牌延伸进行战略管理，并且打破了传统的品牌生命周期理论，构建了快速消费品品牌生命周期三阶段模型，认为快速消费品品牌生命周期包括三个阶段——初创期、成长期和延伸期，并对三个不同阶段中国快速消费品的品牌延伸战略进行全面的探讨，兼具动态性和全局性。

# 第二部分
# 中国快速消费品品牌延伸战略

  品牌延伸在快速消费品企业经营中运用非常广泛，一部分快速消费品企业因之获得重大成功的同时，失败的案例也比比皆是，因此对品牌延伸进行理论研究具有重要的现实意义。大量失败的品牌延伸表明目前的品牌延伸实践和理论研究还存在一些问题。这些问题主要表现为研究者们大多是以品牌已经创立为前提考虑品牌延伸问题的，对促使品牌延伸成功的因素缺乏一个统一的标准，其方法和观点大多是静止的和孤立的。有鉴于此，本部分提出应从战略的、动态的角度来研究品牌延伸。

  品牌延伸战略是指导企业品牌延伸活动的总的谋略，因此我们有必要对其进行战略管理。所以，本部分首先阐述了品牌延伸的概念及其基础知识，从而为后面的论述做好铺垫；然后深入地分析了快速消费品企业实施品牌延伸的外在动因和内在动因；接着以整体营销思想为指导，系统地探讨促使快速消费品品牌延伸成功的主要因素及其内在关系，并用三环图来对快速消费品品牌延伸的成功因素进行图示分析；接着根据中国市场特点和消费品产品特性提出中国快速消费品行业对品牌延伸的特殊要求，主要分析了快速消费品的基本品牌特征，中国市场的特殊性及对快速消费品品牌延伸的特殊要求和中国快速消费品品牌延伸战略的基本着力点；最后构建了一个基于品牌生命周期的快速消费品品牌延伸战略管理体系。这一体系包括：品牌初创期，为快速消费品品牌延伸预留空间，通过明确的品牌定位预留快速消费品品牌延伸空间，通过巧妙的品牌命名界定快速消费品品牌延伸范围；品牌成长期，快速消费品品牌设计品质传播战略，为品牌延伸奠定基础，通过建立品质认知和品牌知名度，创造积极、丰富的品牌联想，提升品牌美誉度和忠诚度奠定快速消费品品牌延伸基础；品牌延伸期，实施品牌延伸，拓宽品牌内涵，通过品牌黏度设计确定快速消费品品牌延伸类型，通过产品和品牌分析确定快速消费品品牌延伸新产品，通过产品特性解析选择快速消费品品牌延伸策略，通过营销策略组合设计选择快速消费品延伸品牌营销计划和营销策略。

# 第一章　中国快速消费品品牌延伸的基本内容

## 第一节　品牌延伸战略概述

### 一、品牌延伸策略分析

#### （一）品牌的概念剖析

"品牌"一词原为19世纪早期欧洲人在盛威士忌酒的木桶上所使用的区别性标志。随着社会经济的发展，人们对品牌的认识也在不断地变化，这个发展过程反映了人们对品牌理解的不断深入。

美国市场营销协会（AMA）在其1960年出版的《营销术语词典》上把"品牌"定义为：用以识别一个或一群产品或劳务的名称、术语、象征的记号或设计及其组合，以和其他竞争者的产品或劳务相区别。此定义将品牌作为独特的标志来看待，即我们通常所称的"商标"。

Alvin（1993）认为，"使一个品牌与无品牌的同种产品相区别并使该品牌具有净值的是消费者对产品功能、品牌名称以及品牌所代表的意义和使用这一品牌的公司的总体感觉和知觉"。这个定义主要从传播角度，强调品牌是消费者心中的一种认知与感觉。

菲利普·科特勒（Kotler, 1996）提出："品牌是一种名称、术语、标记、符号或设计，或是它们的组合运用，其目的是借以辨认某个销售者或某群销售者的产品或劳务，并使之同竞争对手的产品或劳务区别开。"他认为品牌至少包括六个方面，即属性、利益、价值、文化、个性以及用户。此定义从产品、利益、文化等各方面角度来分析品牌的作用。

凯文·莱恩·凯勒（Keller, 1998）也有与Alvin同样的思想："品牌源于消费者反映的差异，如果没有差异性，那么具有品牌名称的产品本质上仍然是一般的类别意义上的产品,而反映中的差别是消费者对品牌理解的结果。虽然公司通过其营销计划和其他行为为品牌提供了激励,但品牌最终是留存在消费者头脑中的东西。品牌是一个可感知的存在,它植根于现实之中,但映射着个人的习性。"

黄昌富（1999）认为,品牌是一个系统,一个包括产品和服务功能要素（如用途、品质、价格、包装等）、厂商和产品的形象要素（如图案、色调、广告、音乐等）、消费者心理因素（如对企业及其产品和服务的认知、态度、感受、体验等）在内的三维综合体（如图1.1所示）。

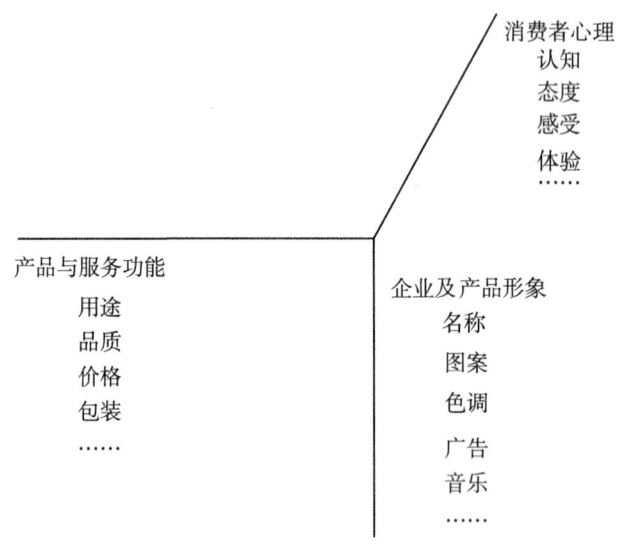

图1.1　品牌系统的三维综合体

东方赢在他本人所创建的"超速模式"中对于品牌的定义是"品牌是顾客及相关群体对产品的认识与印象",并且认为,"一个品牌有没有市场竞争力,有没有竞争优势和投资价值,一方面要看品牌的认同深度（包括优先的记忆位置、信任、良好的感情以及能否与顾客的购买动机建立排他性联系）,另一方面要看品牌的认同广度（即有多少顾客认同品牌）"。

笔者认为,上述定义各有侧重。品牌首先是一种产品或服务的标志,但这仅仅是基本功能。标识不是品牌,标识必须有文化、心理等方面的附加价值,方可成为品牌。所以,应该把品牌看成是买方及其相关群体对于某种标志所代表的产品或企业的认识和印象。这样,品牌的含义可以从三个层面来理解：首先,品牌是反映不同企业及其产品之间差别的标识,这是品牌的最表层的含义。其次，由于顾客消费的不是品牌本身，而是与品牌相联系的产品，因此，从深层次意义上讲，品牌的不同代表了不同企业及其产品之间的差异或特征，而不仅仅代表标识的不同。最后，品牌所代表的不同企业及其产品之间的差异或特征，并非纯粹取决于不同企业或产品客观存在的差异或特征，还取决于顾客对不同企业或产品的不同认知，因此，更进一步讲，品牌事实上是顾客对产品的知觉。

总体而言，广义的"品牌"是具有经济价值的无形资产，用抽象化的、特有的、能识别的心智概念来表现其差异性，从而在人们的意识当中占据一定位置的综合反映。品牌建设具有长期性。狭义的"品牌"是一种拥有对内对外两面性的"标准"或"规则"，是通过对理念、行为、视觉、听觉四方面进行标准化、规则化，使之具备特有性、价值性、长期性、认知性的一种识别系统总称。这套系统我们也称之为 CIS（corporate identity system）体系。

从营销学的视角来说，品牌是给拥有者带来溢价、产生增值的一种无形的资产，它的载体是用于和其他竞争者的产品或劳务相区分的名称、术语、象征、记号或者设计及其组合，增值的源泉来自于消费者心智中形成的关于其载体的印象。品牌承载的更多是一部分人对其产品以及服务的认可，是一种品牌商与顾客购买行为间相互磨合衍生出的产物。

(二) 品牌延伸的含义界定

目前，国际国内营销学界对品牌延伸的概念尚未形成统一完整的理论阐述。在颇具权威的营销学词典《营销术语的概念、解释及其他》中，对品牌延伸的定义是这样的："品牌延伸是指将已被市场接受的品牌延伸使用到公司的其他品牌上，目的是改变原有品牌（产品）的形象，但这种策略必须和其他营销策略配合使用才能具有较好的效果。"国内外众多学者从各自的角度提出了自己的看法。

菲利普·科特勒认为，品牌延伸是指"把一个现有的品牌名称使用到一个新类别的产品上"。显然，他没把产品线延伸包括在内。

凯文·莱恩·凯勒对品牌延伸的定义是："一个公司利用一个已建立的品牌推出一个新产品。"利用已建立的品牌包括使用与原品牌名有联系的新品牌名。凯文·莱恩·凯勒把产品线延伸视为品牌延伸的一种形式。

卢泰宏认为，品牌延伸是指借助原有的已建立的品牌地位，将原有品牌转移使用于新进入市场的其他产品或服务（包括同类的和异类的），以及运用于新的细分市场之中，达到以更少的营销成本占领更大市场份额的目的。而企业通过品牌延伸进入新市场包括两种情况，一是进入原地域的新的细分市场，二是利用原品牌的强大影响进入新的地域市场。

何君、历载认为，品牌延伸的形式包括产品线的延伸、产品原型的延伸、细分市场的延伸（常见的例子就是同一品牌针对不同细分市场的产品）。

从本质上来说，品牌延伸（brand extensions）是指利用现有品牌名进入新的产品类别，推出新产品的做法。品牌延伸能够让企业以较低的成本推出新产品，因而它成为企业推出新产品的主要手段。品牌延伸并非只简单借用表面上已经存在的品牌名称，而是对整个品牌资产的策略性使用。品牌延伸策略可以使新产品借助成功品牌的市场信誉在节省促销费用的情况下顺利地进占市场。

总的来说，我们可以把品牌延伸的定义归结为一句话：品牌延伸是指利用已建立的品牌将品牌所标识的对象范围扩大，而利用已建立的品牌包括使用与原品牌名有联系的新品牌名。该定义从两个不同的角度，完整地阐述了品牌延伸的内涵。第一，是从利用已建立的品牌这个角度说明品牌延伸的。品牌延伸是通过让使用的品牌名与原品牌名有某种联系的途径来利用或借助原品牌的力量或者说是原品牌的影响力。因此，进行延伸的品牌应当在市场上具有较强的品牌实力，否则利用或借助原品牌的力量又从何谈起。品牌实力是品牌在消费者心目中的知名度、美誉度、畅销度、忠诚度、追随度、高品质形象和市场占有率以及市场竞争的抗衡能力。这种实力决定了品牌的扩张力和延伸度，实力越强则延伸的范围就越广，品牌的影响就越大，延伸的成效也就越高。当然延伸的成效还与很多因素有关，这将在后面的论述中提到。利用原品牌的力量必须使品牌延伸中所使用的品牌名与原品牌名有某种联系，要达到这个要求，品牌延伸中可以根据不同的情况使用原品牌、主副品牌、亲族品牌、合作品牌以及母子品牌。而对于这些名词的具体含义的解释，将在后面的论述中提到。第二，是从扩大品牌所标识的对象范围的角度说明品牌延伸的。具体来说，又可以分为两种情况。一是产品范围的扩大，品牌延伸可以使用原产品，也可以使用新产品。使用原有产品推向新市场——新的地域市场（如可口可乐等世界级的品牌在中国老百姓心目中从无到有直至产生对这些品牌的忠诚）或同一地域的新的细分市场（如强生公司对其婴儿洗发水的重新定位，从而进入了成人市场）。使用新产品的含义有两层：与原产品同属一产品线，但口味、款式、容量等特性不同的产品；与原产品属于不同的种类，如从服装到化妆品。二是目标市场范围的扩大。目标市场是企业为实现预期目标而决定进入并占领的市场。无论是品牌还是品牌延伸，都必须以市场为前提，品牌延伸就是为了有效地开发市场和拓展市场，而市场又可按各种因素划分为不同的细分市场，品牌往往是占领其中的某一个或多个市场，而不能占领所有的市场。这里把品牌延伸中的原品牌所占领的市场称为原市场，而把原品牌未占领的那些市场称为新市场。企业可以用新产品也可以用原产品进行品牌延伸去占领新市场，或是用新产品进一步开发原市场。总的来说，只有图1.2所示的阴影部分才不是品牌延伸。

| 市场＼产品 | 新产品类别 | 新产品品种 | 原产品 |
|---|---|---|---|
| 新市场 | | | |
| 原市场 | | | ■■■ |

图1.2 从扩大品牌所标识的对象范围的角度说明品牌延伸

当一个企业的品牌在市场上取得成功后，该品牌则具有市场影响力，会给企业创造超值利润。随着企业发展，企业在推出新的产品时，自然要利用该品牌的市场影响力，品牌延伸就成为自然的选择。这样不但可以省去许多新品牌推出的费用和各种投入，还通过借助已有品牌的市场影响力，将人们对品牌的认识和评价扩展到品牌所要涵盖的新产品上。

品牌延伸从表面上看扩展了新的产品或产品组合，实际上从品牌内涵的角度，品牌延伸还包含有品牌情感诉求的扩展。如果新产品无助于品牌情感诉求内容的丰富，而是降低或减弱情感诉求的内容，该品牌延伸就会产生危机。不应只看到品牌的市场影响力对新产品上市的推动作用，而应该分析该产品的市场与社会定位是否有助于品牌市场和社会地位的稳固，两者是否兼容。

(三) 品牌延伸的类型

根据延伸产品与原产品的差异性和所服务市场的相互关系，我们可以把品牌延伸分为两大类，一是跨类延伸，二是线内延伸。

1. 跨类延伸

跨类延伸又称为品类延伸，是指主品牌延伸到不同于已有品牌产品类别的品牌延伸。跨类延伸又可分为连续性延伸和非连续性延伸。所谓连续性延伸即企业借助技术上的共通性在近类产品之间进行延伸。如理光、佳能利用其卓越的光电技术在照相机、复印机、传真机等产品上进行延伸。非连续性延伸是指品牌延伸超出了产品之间的技术和物理上的局限，覆盖完全不相关的产品类别的行为。如雅马哈是摩托车品牌，也是古典钢琴的品牌。任何一个行业，发展到了成熟阶段，就进入最终决定行业霸主的时刻。这一时期，企业与企业之间的竞争已经从单点优势的竞争向整体优势的竞争过渡，已经从寻找短暂优势向长期优势过渡，已经从单品类做大做强发展到多品类延伸以保证企业持续增长。本阶段，企业长期优势的获得，最终决定于企业的规模、资本、成本和核心能力。用一句话来概括，行业发展到成熟阶段，企业与企业之间的竞争，决定最终胜者之战，是看谁能做到行业最大最强。那些能够利用品类延伸、产品延伸的企业，往往在做大做强方面，占有先机。因而跨类延伸，是对品牌资源的深度开发和利用，是企业做大规模获取最大利润的重要战略。宝洁、雀巢、飞利浦、西门子、海尔、美的、娃哈哈、康师傅、统一等，都是通过品类延伸，取得迅猛发展的。正是因为品类延伸具有帮助企业快速做大、获取更大利润的优势，所以，众多世界领袖企业、中国领袖企业，前赴后继地踏上品类延伸的道路。

2. 线内延伸

品牌延伸除了跨类延伸外，还有线内延伸。所谓线内延伸是指主品牌用于延伸的产品与原产品同属一个类别，但定位于不同的细分市场。如不同口味、不同成分、不同型号、不同尺寸的新产品使用同一个品牌，但为了以示区别可能在包装的颜色、容器大小等方面有所区别，有时也用次品牌来表达。线内延伸又可分为升级换代式的品牌延伸（如 Windows 95、Windows 98、Windows 2000）、水平延伸（即同一市场档次的不同市场面之间的延伸，如佳洁士牙膏、佳洁士儿童牙膏）以及垂直延伸（现有市场的品牌向更高档次或更低档次延伸，以获得更大的市场覆盖面）。如快速消费品中的代表性品牌康师傅和统一，都是运用了线内的延伸方式，但是却是很有策略性的，像康师傅的品牌，做的线内延伸，都是以康师傅为主品牌，然后通过主品牌加副品牌的方式进行的，如康师傅冰红茶、康师傅四面八方等。目前国内快速消费品行业线类常用的延伸法有药食延伸法，如东阿阿胶，在阿胶块、复方阿胶浆奠定正宗阿胶品牌和老大江湖地位后，现在已经形成以阿胶为主要原料的三大产品集团军，第一类是补血药品，以阿胶块、复方阿胶浆、阿胶补血颗粒为代表；第二类是滋补保健品，以阿胶枣、阿胶口服液为代表；第三类是健康食品，以桃花姬为主的阿胶糕系列产品。三大产品军团助推东阿阿胶突破 30 亿元。国内快速消费品行业线类常用的延伸还有技术延伸法，如神威药业，以现代中药软胶囊技术为核心，OTC 以神威藿香正气软胶囊为明星产品，同时组合五福心脑清软胶囊、清开灵软胶囊、五福降脂通络软胶囊等"软胶囊家族"产品,帮助神威做大规模、提升溢价能力、赢得竞争优势;天士力,以现代中药滴丸剂为核心,形成了以复方丹参滴丸为首,包括穿心莲内酯滴丸、芪参益气滴丸、藿香正气滴丸、柴胡滴丸在内的"滴丸家族"。

综上所述,品牌延伸的类型如图1.3所示。

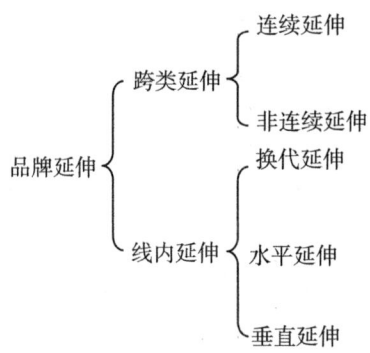

图1.3 品牌延伸类型

### (四) 品牌延伸的作用

品牌延伸属于企业的战略问题,它属于品牌战略的范畴。品牌延伸的实质就是企业经营战略的多样化和多元化。品牌延伸战略相对于其他的品牌决策来说有它的特点,它不但关系到新产品能否尽快为市场所接受并获得竞争优势,同时,由于新产品上市后其形象又会对主品牌起到强化或削弱的作用,从而反过来影响企业原有产品的市场地位。可见品牌延伸的影响是巨大的、长期的、牵涉面广,关系到企业长期的市场地位和整体盈利。因此,企业在采取品牌延伸这个战略性策略的时候,需要进行详尽的分析,避免损失,使收益最大化。

1. 品牌延伸可以产生品牌伞效应,降低营销费用

所谓品牌伞效应,是指在市场中已经建立起良好品牌信誉的企业,在对同一牌子的其他商品进行广告宣传时,成本能够降低,因为消费者往往会运用其在市场上所获得的信息去推断同一品牌的其他商品。换言之,在品牌伞效应作用下,企业通过品牌延伸可以充分借助原有品牌的市场信誉和产品声誉,使消费者在短期内消除对新产品产生的排斥、生疏和疑虑的心理,进而在较短的时间内接受新产品,从而节省新产品进入市场所必需的宣传、促销等营销费用,

并能迅速占领市场。

2. 成功的品牌延伸能为现存的品牌或产品线带来活力，为消费者提供更完整的选择

在日益激烈的市场竞争中，一个企业的品牌不进行延伸，就要承担其品牌市场份额被其他知名品牌侵占的风险，最典型的例子是"胜家"品牌的厄运。作为美国首家国际性公司，在20世纪30年代至40年代，世界上每3部缝纫机中就有2部是"胜家"公司的产品。然而到了1986年，"胜家"宣布从此不再生产缝纫机。"胜家"为何如此惨败？原因很简单，胜家公司在初步成功后，过分依赖传统产品，没有实行任何品牌延伸策略，忽视了国际市场和消费者需求的变化；而此时，其他竞争者纷纷顺应社会潮流，大规模进行品牌延伸，开发新产品，如日本研制出的"会说话"的缝纫机等。这样，"胜家"公司的市场份额逐渐被其他品牌侵吞，最终被完全挤出市场。可见，企业只有通过品牌延伸不断地推出新产品，才能满足消费者在购买商品时不同的选择需求，同时还可以延长产品的生命周期；品牌的知名度也只有在企业不断地推陈出新中，随着品牌的广泛使用才逐步得到提升。

3. 品牌延伸可以实现品牌利用中的增值

与通过内部发展建立新品牌的漫长过程和巨大投入相比，借助品牌延伸共享已有品牌的影响力，可以在相对较短的时间内立竿见影地提高产品竞争力和企业的经济效益。同时，随着企业规模的扩大和市场占有率的提高，反过来会进一步扩大品牌的市场影响力，增强品牌的价值和企业的品牌竞争优势，形成良性循环，从而达到品牌在使用中保值增值的目的。

（五）品牌延伸的策略

品牌延伸策略是将现有成功的品牌，用于新产品或修正过的产品的一种策略。品牌延伸可以加快新产品的定位，保证新产品投资决策的快捷准确；有助于减少新产品的市场风险，提高整体品牌组合的投资效益。利用原品牌的力量必须使品牌延伸中所使用的品牌名与原品牌名有某种联系，企业可采取不同的品牌延伸策略来达到这个要求。在这里，我们仅对各种延伸策略进行简单的描述，而对其适用性的阐述将在后面的论述中提到。

1. 单一品牌延伸策略

单一品牌延伸策略是指将原产品的品牌名毫无变动地运用到延伸产品上，主要体现为一牌多品策略，即一个品牌下有多种产品的品牌战略，如海尔，其冰箱、彩电、空调、电脑、手机、医药等均使用同一品牌，佳能公司也是一

样。这种策略是最普遍的,也是争议最大的。一方面它能尽可能地将原品牌的市场信誉转移到延伸产品上,因为对于消费者而言,品牌是一种经验,他们相信如果在一棵树上摘下的一颗果子是甜的,那么这棵树上的其余果子也都是甜的;另一方面,它也使得品牌延伸的负面影响暴露无遗,风险因素也格外大,如果品牌下的某一产品运作不成功,那么所有该品牌所涵盖的产品的经营都要受到一定程度的负面影响。采取这种策略的企业,最典型的有美国的"3M"和日本的"SONY"。在不同档次进行产品线延伸时,难以改变消费者心目中的原有印象,如安徽的皖酒,一直是做中低档白酒,在向高端白酒市场进攻时就遇到重重困难;此外,采用这种策略进行品牌延伸时,只要其中一个产品出现问题,就会殃及池鱼,产生恶性连锁反应,而且出现危机的产品影响力越大,企业的危险也越大,如光明牛奶回收事件,导致其包括酸奶、奶粉在内的全线产品销售受阻。

2. 主副品牌延伸策略

主副品牌延伸策略是指在主品牌不变的前提下,为延伸产品增加副品牌。它是一种以主品牌展示系列产品的社会影响力,以副品牌凸显各个产品不同个性形象的营销策略。采用这种策略的企业,最典型的莫过于海尔。海尔这种用一个成功品牌作为主品牌,来涵盖企业所生产的系列产品,同时又给不同产品起一个生动活泼、富有魅力的名字作为副品牌。如在空调上,海尔有"小超人"变频、"小状元"健康、"小英才"窗机等。主副品牌延伸策略可以在同一时间,从整体上对公司或家族品牌的联想和态度加以利用。副品牌产品可以有效地利用已经取得成功的主品牌的社会影响力,以较低的营销成本迅速进入市场,打开局面。从而降低了新产品上市的风险和压力,最大限度地发挥了企业品牌资本的优势。同时,主副品牌战略在企业品牌系统及所有相关的品牌联想之间建立了更加紧密的联系,可以为产品创造具体的品牌个性。每个品牌都有着其标识的产品的特点,都是属性、利益、价值、文化、个性和用户的无形组合;而副品牌更加直观、形象地表达产品的特点和个性,让消费者一看就可联想到更具体的产品特点和个性形象;副品牌还可以节省营销费用。采用主副品牌后,广告宣传的重心仍是主品牌,副品牌从不单独对外宣传,都是依附于主品牌联合进行广告活动。所以企业可以把主品牌的宣传预算用在主副品牌的共同宣传上。这样,副品牌就能在节省宣传成本的同时尽享主品牌的影响力。实施主副品牌延伸策略也可能带来很多风险,如果用低档品牌推出高档产品,消费者心中会对产品品质有疑虑,产品推广必将异常艰难。同样,如果用高档品牌推出低档产品,通过超越消费者细分市场、分销渠道或价格点来延伸品牌组合也绝非易事。这样的延伸不仅可能没有扩展品牌的吸引力和提高自己的形象，反而拉倒了品牌组合的其余部分。利用主副品牌策略进行品牌延伸最坏的结果是延伸失败，并在延伸过程中对母品牌造成某种程度伤害。如以生产"999"胃泰起家的三九集团，企业品牌经营非常成功，以至于消费者把"999"视为"胃泰"这种药物的代名词。然而把"999"扩展到白酒就让人难以接受了。"胃泰"与"白酒"很容易通过联想产生心理冲突。因此，三九龙滨白酒销量就值得怀疑了。

3. 母子品牌延伸策略

子品牌也叫一品多牌，是指在企业同一类产品中设立两个或多个相互竞争的品牌。也就是说，一个企业的品牌（母品牌）下有两个或两个以上的产品品牌时，产品品牌便可称为子品牌。传统意义上的品牌延伸策略，是指将某一著名品牌或某一具有市场影响力的成功品牌使用到与成名产品或原产品完全不同的产品上，凭借现有名牌产品的辐射力，事半功倍地形成系列名牌产品的一种名牌创立策略，有人形象地称为"搭乘名牌列车"策略。比如杭州娃哈哈集团公司利用"娃哈哈"果奶的声望和影响，相继推出了"娃哈哈绿豆沙""娃哈哈八宝粥""娃哈哈矿泉水"等产品，新产品搭乘原品牌的声誉便车，很快得到消费者的认同。世界著名的洗涤用品公司宝洁，也是世界上少数几个运用品牌延伸策略较为成功的企业，如著名的日化巨人宝洁（即母品牌）公司旗下便有"飘柔""舒服佳""玉兰油""汰渍"等数百个子品牌。企业宣传与消费者识别的重心是产品品牌，企业品牌只是对独立的产品品牌起担保、背书或支持作用，主要告诉公众担保品牌是产品品牌的制造商、核心技术与元器件的供应商或投资者，以取得消费者的信任。

4. 联合品牌延伸策略

品牌联合战略是指两个或更多品牌相互联合，相互借势，使品牌本身的各种资源因素达到有效的整合从而创造双赢的营销局面的战略。联合品牌有许多优点。由于各个品牌在不同类的产品中占有主导地位，联合品牌可以适应更多的消费者，从而创造更大的品牌价值。联合品牌使得公司有可能进入新的市场，并且风险和投资都不大。联合品牌也叫合作品牌，即在产品上使用两个或更多的著名品牌，每个品牌使用者都希望另一个品牌名称能够加强品牌的表现或购买意图。如日本国内日立照明灯泡同时使用"日立"和"GE"两个品牌。柯达公司的一项调查表明，25%的人愿意买一个虚构的，但有柯达商标的娱乐设备；20%的人愿意购买有索尼商标的这类商品；但80%的人表示愿意购买同时出现这两个商标的商品。由此可见，联合品牌延伸策略可以更好地提高新品牌的认知力度，激发消费者的购买欲望，促使消费者的购买行为。联合品牌延伸策略可以达到优势上的互补，组成一个新的战略联盟，找到一个新的经济增长点，创造一种新的需求，极大地增强企业的经营实力。联合品牌延伸策略固然具有诸多的优点，但也蕴藏着许多风险，如果运用不当就会造成消极后果，品牌联合行动可能致使合作的某一品牌的排他使用权受到淡化或被别人分享。有特色的商标、器具、色彩组合、包装形状、广告主题和口号或者其他"市场指标"都不应该被低估，应该妥善地加以控制并只许可在品牌联合的活动中使用，只许以品牌所有者规定的方式使用。必须禁止合作伙伴违反规定使用，并防止他在品牌联合系列之外的产品或服务上使用。另外，如果合作的一方决定改变其品牌在市场的定位或战略，将可能成为品牌联合所要面对的重大问题。

5. 亲族品牌延伸策略

亲族品牌又称家族品牌，是指某些品牌的所有者通过使用某个单独的、共有的组成部分，而在某些品牌之间建立起一定的联系。亲族品牌延伸策略是指以原品牌为基础，将它稍做变化或将它与别的文字结合起来，组成一个或多个与原品牌既有区别又有联系的品牌。使用亲族品牌的目的，是在不损害亲族品牌内其他品牌的情况下，提高该品牌在购买者中的影响，使购买者增强信心，并扩大商品的知名度。如美国柯达公司以"Kodak"商标为基础，创造派生出"Kodachrome""Kodagraph""Kodascope"等品牌，就是亲族品牌。杭州"华立"集团，其主导产品电能表的品牌是"华立"，铜箔板的品牌是"华立达"，家用电器的品牌是"HOLLEY"。这种延伸策略，使各种产品的品牌均能消化在原有品牌的名下，从而有效地将原品牌优势转移到新品牌上；同时，又减弱了延伸产品与原有品牌产品的联系，并与原品牌保持一定的距离，从而使延伸产品不会对原品牌造成过多的负面影响。亲族品牌延伸最成功的例子当属立顿红茶，归属于全球茶市场的老大——联合利华旗下。立顿红茶出产于苏格兰格拉斯哥，以红茶作为初始经营项目，现阶段"立顿红茶"已经成为"立顿"的代名词，经过一百多年的发展，立顿的产品已经销往世界的一百多个国家，在这一背景下"立顿"实行"亲族商标策略"，相继推出立顿即溶茶、立顿奶茶、立顿纤扬茶、立顿绿茶和立顿茉莉花茶等。1996年，联合利华将"立顿"品牌带入中国使其成为全球第一大茶叶品牌，比第二大品牌的销售额高出至少一倍。同时，立顿现在也是全球消费者选用最多的第三大非酒精饮料，仅次于可口可乐和百事可乐。

6. 授权许可

授权许可是制造商比较容易进入国际市场营销的方法。公司与国外市场的授权人达成一项协议，授权人付费来购买使用公司的制造程度、商标、专利和商业机密或其他有价值的项目等的权利。公司因此能够以较小的风险进入该市场，授权者也不必从头开始，便能获得现成的生产技术或著名的产品或品牌。授权许可即准许别人使用你的品牌或商标，被授权对象是和原品牌截然不同的产品类型或产业。如花花公子 PLAYBOY 授权许可服饰厂商使用其名称和商标，使服饰与这份著名的杂志使用同一品牌。当企业进行跨类延伸时，若企业不具备生产延伸产品的设备和能力，或者企业自己生产产品的机会成本大于准许别人使用你的品牌或商标，它将采取授权延伸策略。不过，值得注意的是，企业一定要慎重选择被授权对象。

### 7. 市场延伸策略

　　市场延伸顾名思义即开拓和扩展市场，如何将服务和产品的市场扩大化，是市场延伸策略的核心任务。市场延伸策略也指企业在不改变产品原有性能的条件下，开拓新市场的战略。例如开拓农村市场、西部市场，或开拓国际市场等。拓展战略是多角度、多层次的一种延展战略。市场延伸战略的选择依赖于市场本身的特征、各个市场的联系、市场竞争状况以及企业所具备的实力等条件。一地一国的品牌可以扩散至整个世界，成为世界名牌，需要企业具有充足的营销资源，在许许多多市场同时开展营销，各个市场都要建立自己的销售渠道，需要的资金显然非一般企业所能承受；每个市场都必须派出精干的营销策划、销售管理人员和业务代表，因此，企业必须有一支庞大并且经验丰富的营销团队。市场延伸策略也需要企业具有大量的开发费用，每个市场的需求各异，自然需要各种不同的产品。同时拓展的市场越多，则可能需要的新产品越多。所以，企业新产品开发费用的大量支出成为不可避免。市场延伸策略还需要企业具有强大的调控能力，企业同时在多个市场发动进攻，无论是自己开山修渠还是借鸡生蛋，都可能遇到许多意想不到的情况和难以控制的市场混乱，所以，如果没有极强的协调控制能力，则企业难以应付同时发生的各种意外情况。许多国外知名品牌如麦当劳便是采用开拓新地域市场的方式实现品牌延伸。企业在采用这一策略来进行全球营销时，应该将全球标准化与全球本土化的优点结合起来。通过两者的优势互补来增强企业的适应性，既要致力于需求的共性，追求市场营销组合各要素的标准化；同时也要注意到需求的差异性，在一定程度上做修改。总之，企业要奉行一种"思维全球化，行动本土化"的观念，因为它兼顾了全球化与本土化，更易树立全球统一形象，而且相对来说成本费用也不会增加太多。在白酒企业的市场延伸中，大量的中小型白酒企业，由于在市场延伸上缺乏对区域市场的了解，缺乏对目标消费群体的锁定而导致营销失败，大量的资源浪费在区域市场上。因此，准确地进行延伸市场选择非常关键。

## 二、快速消费品企业实施品牌延伸的动因分析

快速消费品企业实施品牌延伸既是一种适应外界环境压力的防御性措施，也是一种在市场机制下谋求生存发展、不断进取的手段。一般来说，中国快速消费品企业之所以实施品牌延伸，是由企业的内外环境条件因素决定的，有其特定的内外动因。

### （一）快速消费品实施品牌延伸的外在动因分析

（1）使用新品牌或延伸品牌是多元化经营企业必须面对的决策。

根据钱德勒等人的研究，企业的成长分为四个阶段：第一阶段，企业经营以生产单一产品为特征，企业规模的扩大主要靠水平的联合或地区市场的扩张，其目标是不断扩大单一产品的规模；第二阶段，企业在原有主导产品的基础上，开始生产两种或两种以上的产品，企业经营规模的扩张主要是纵向联合方式为主；第三阶段，企业进入产品多元化，经营领域多元化阶段，企业成长到这一阶段，已不再局限于生产一两种产品，而是生产多种产品，企业经营规模靠多个产业领域的经营而扩大，在该阶段，虽然企业经营的产品和涉足的经营领域已多元化，但这些产品和经营领域之间还是相关联的，并非彼此毫不相关的；第四阶段，企业进入不相关多元化阶段，企业同时涉足于多个不相关的产业。

随着我国社会生产力不断发展，促进了人们消费范围的扩大和消费欲望的增长，社会需求呈现出多层次、多方位、多样化的特点。社会需求的多样化，必然导致众多企业生产的多样性，因为企业不可能对社会需求的多样性熟视无睹，无动于衷，而是会受到高额市场利润的诱惑，从而从事多元化经营。同时，任何一种产品投入市场后，都有一个为社会需求所接受的饱和度。一种产品达到社会需求的饱和度时，即表明该产品社会供需平衡，产量的增长达到了极限，如果再在该产品领域追加投资、扩大产量，必然将导致供给过剩、产品积压、价格下跌、利润降低以至于企业亏损。因此企业为在市场竞争中求得生存和发展，并不断取得利润，也就不得不向新产品领域进军，从而迫使企业进行多元化经营。由此可知，如今大多数企业已进入了多元化发展阶段。而企业在实行多元化经营，进入新的产业、生产新的产品时，必然会遇到品牌决策问

题，而使用新品牌或延伸品牌是企业必须面对的决策。

(2) 高昂的品牌建立和培育成本使得企业将目光投向品牌延伸。

品牌知名度的形成，需要投入大量的宣传费用，而且还不一定成功。乐百氏营销总经理杨杰强指出："推广新品牌的投资很大，要把一个新品牌培育成乐百氏、步步高、爱多这样的全国性的名牌，一年没有2亿元的营销与广告预算是不可能的。"1997年国内的白酒厂家在中央电视台展开了广告角逐，以至创下了电视广告"标王"3.2亿元的纪录。

另外，品牌知名度的形成，需要一定的时间积累。有人做过调查，国内电器行业一个知名品牌的形成至少需要3年的时间。高的投入和较长的时间，增加了品牌创立的风险。

由此可知，在市场竞争更加激烈的今天，要创立一个知名品牌，其成本是十分昂贵的，而且会面临较高的风险。所以，很多企业将目光转向利用原有的品牌资产，进行品牌延伸。

(3) 产品寿命周期缩短使得品牌延伸更加受到企业的关注。

全球信息化时代的到来，使得产品技术寿命周期缩短，产品开发上市节奏加快。21世纪与工业时代相比的一个最大区别就是高科技的发展极大地影响着人类的生产方式和生产领域，数字化的经济模式使得产品生产不仅越来越多样化，而且越来越容易。技术的高度发展，一方面降低了生产成本，市场上出现越来越多同质性很强的商品；另一方面，先进的技术又会加速产品的发明创造，使得一种新产品在市场上停留的时间越来越短。

产品寿命周期的缩短就会引致一对矛盾：一方面，产品寿命周期的缩短增加了品牌培育的风险与代价，甚至出现品牌刚刚树立却又恰逢产品转入衰退期的尴尬境况；另一方面，企业的新产品要迅速被市场所接受并不断扩大市场份额，却不得不进行品牌优势的培育，而品牌优势（特别是独立品牌、新品牌）培育的成本和风险代价又极其昂贵。这是企业在今后的技术和市场环境中所要面对的一个突出矛盾。利用品牌延伸可以较好地缓解这一矛盾。企业在向市场推出新产品时，如果原品牌是强劲有力的，并有条件能延伸到新产品上，就能利用原品牌的影响支持新产品，使得新产品的市场成长不必从零开始。这样不但能节省大量的广告费用和宣传成本，而且可以使新产品迅速获得较佳的市场地位。这正是目前品牌延伸受到企业广泛关注的原因。

(二) 快速消费品实施品牌延伸的内在动因分析

快速消费品品牌延伸是外在动因和内在动因共同作用的结果。只有外在动因，并不必然促使快速消费品企业一定实施品牌延伸。企业实施品牌延伸是受其外在动因和内在动因的共同驱使，下面将对其内在动因进行分析。

（1）提高新产品的市场接受度。

根据信息不对称性理论，消费者对于产品的了解程度总是有限的，对于一个新产品来说，消费者并不能很好地评价它的品质，从而对新产品产生一种戒备心理。因此，在新产品推向市场的过程中，需要着重解决的一个问题是企业与消费者之间的信息不对称性，即企业比消费者掌握着更多的信息。对消费者来说，要获得这方面的信息，往往需要花费很大的信息搜集成本。因此为了赢得更多的消费者，在如今竞争激烈的买方市场上这部分成本一般由企业承担，也就是说，企业有责任而且必须努力为消费者传递有关新产品的各种信息，以减轻消费者搜集信息的负担。

品牌延伸是企业解决信息不对称性的有效途径之一。将已有的知名品牌移植到新产品上，其目的在于将企业已经建立起来的品牌声誉作为一种抵押，用来向消费者保证新产品的质量。如果新产品的质量不尽如人意，那么，不仅这种新产品没有销路，而且作为对企业的一种惩罚，消费者可以收回企业的这种抵押，即失去了对原有知名品牌的信赖和赞誉，从而使原有品牌也失去市场。由此可知，使用品牌延伸，一方面会激励企业生产优质产品，提供有关新产品的真实信息，努力维持其市场信誉；另一方面会使消费者更有理由相信，追求价值最大化和长远发展的企业决不会故意损害原有品牌的声誉，决不会谎称新产品的质量或出售质量较差的新产品。这样，企业和消费者之间信息的不对称性将会在很大程度上得以消除，消费者购买和消费新产品的信心将会大大增强，从而使新产品容易为市场所接受。茅台集团横向延伸的品牌"茅台啤酒"，在北京一经推出，就迅速占领高端啤酒市场。这是一个运用品牌延伸提高新产品的市场接受度的成功案例。

（2）降低新产品的营销成本。

创建新品牌既是一门科学，也是一门艺术。市场调查、设计品牌名、设计包装与标签、广告宣传、促销、分销等一系列过程都是费用高昂而又充满风险的。利用品牌延伸就可有效降低营销成本，这主要体现在以下几个方面：一是延伸新产品很容易"沾"原品牌知名度的"光"，而且可以把企业形象的广告和产品广告一起做，这种品牌延伸的广告投放所产生的倍增的广告效应，变相节约了广告费用；二是延伸新产品在包装上一般参考主品牌的设计，适当地加入一些新元素即可，这样也大大降低了新产品包装设计上的成本；三是品牌延伸特别是产品线内的品牌延伸可共享企业的渠道资源，节约渠道再建的成本，从而使渠道的效能发挥至最大；四是品牌延伸进入新行业时，更易获得上游和下游资源及资本的支持——因为上游供应商看中的是原品牌的知名度和美誉度，对原品牌有信心，有的甚至愿意先供货后收钱；下游的经销商出于对原品牌的信任也会力捧延伸产品，资本力量也愿与大品牌合作。宝洁公司的品牌具有能引发消费者共鸣的识别，因此其延伸品牌花较少的广告传播费用也能使消费者认同和喜欢上延伸产品，既提高了市场进入速度，又降低了新品牌的营销推广成本。

（3）捍卫品牌的市场地位。

在企业的营销努力下，品牌在当前产品类中享有盛誉，是领导品牌。然而有许多小企业甚至是一些大企业在进入该行业时，往往采取低价渗透策略。它们以比主要领导品牌低许多的价格，对领导品牌采取低价进攻行为，从而抢占领导品牌的市场份额。企业为了维持其领导品牌的形象，捍卫其领导品牌的市场地位，就会采用线内延伸方式来引入战斗性延伸品牌，从而有效地狙击进攻性品牌的侵蚀。如日本富士胶卷进入美国市场时，为了尽快获取市场份额，采取了低价渗透策略，为了应对富士的蚕食，柯达在原来目标市场上推出了柯达金品牌，同时在低价市场上推出了"柯达快乐一刻"（Kodak Fun Time）品牌。"快乐一刻"作为保护性品牌与富士进行较量，最终有效地保护了柯达在美国的市场份额，成功捍卫了其领导品牌的地位。

（4）占领更多的细分市场，防止顾客流失。

我们知道，企业在市场营销时，首先要进行市场细分，在细分的基础上选定与企业资源最匹配的目标市场率先进入，并在该市场上站稳脚跟，建立信誉。当企业发现其他的市场同样有利可图时，企业就想进入该新市场。于是，企业就会想到利用水平延伸、换代延伸或垂直延伸的线内延伸方式来扩大市场覆盖面，占领更多的细分市场，从而增加品牌总的市场份额。

企业首先也许只是一个品牌一种产品，但这样很容易导致顾客的流失。因为不同时期和不同心境下的顾客对品牌的需要会有所不同，当原有的品牌产品不能满足其需要时，它们就会转向其他品牌。于是，为了阻止顾客流失，保持市场份额的稳定性和顾客的忠诚度，企业一般要采取提供多种不同功用和形象的产品的线内品牌延伸方式。日化行业两大巨头宝洁公司和联合利华通过品牌延伸占领了大量的细分市场，目标消费群体涵盖了不同年龄阶段、不同性别、不同需要的消费者，有效地防止了顾客流失。

（5）丰富或修改品牌的含义，提升品牌形象。

每一个品牌在开始时只生产一种产品，因而产品往往与品牌合二为一，是

——对应关系。通过品牌延伸可以丰富品牌的意义或赋予品牌更多的意义。如换代延伸可以让顾客感觉到品牌创新精神；跨类延伸，可以降低品牌与特定产品类的黏度，丰富品牌的意义，如海尔通过延伸，由海尔—冰箱转变为海尔—电器。当原品牌属于功能定位时，通过品牌延伸为品牌注入活力修改定位，从而避免品牌随产品衰落而衰落。由此可知，品牌延伸可以把品牌定位于更宽更高层次的产品类别上，从而拓展公司的发展前景。

通过品牌延伸可以使消费者更多场合和更多机会看到和想到该品牌，从而扩大主品牌的认知广度和深度，强化已有形象；通过持续不断的品牌延伸，品牌会增加新的内涵和新的美好联想，这种形象不是个别产品所能带来的，而是同一品牌麾下不同产品在各自市场取得成功的美誉互相呼应所带来的结果。如海信公司以品牌优势进入空调、电脑、网络等产业，把原来"优质彩电"的品牌形象通过品牌延伸，提升为"技术领先、品质可靠、服务一流、信息家电的前瞻者"的品牌形象。雀巢公司在品牌延伸上有一条原则：选择什么样的产品冠以雀巢这个品牌名称不取决于雀巢品牌能给该产品带来什么，而是要看延伸产品是否能给雀巢品牌增色。遵循这一原则，雀巢公司的品牌延伸策略不断丰富其品牌的含义，极大地提升了雀巢的品牌形象。

（6）调整或转移业务战略，延续和转移品牌资产。

品牌作为无形资产是企业的战略性资源，如何充分发挥企业的品牌资源潜能并延续其寿命周期便成为企业的重大战略之一。既然品牌是企业耗费了大量的投入和经过多年的积累所形成的资产，它就需要企业进行精心的管理和运营。如果管理和运营得当，就可以使资产保值增值，否则，就会使资产耗费、流失。适当的品牌延伸可以使品牌资产得以充分的运用，发挥品牌资产的价值，使品牌资产增值。而且，企业的业务战略并不是一成不变的，当企业发展到一定阶段，或是为了顺应环境的变化，就需要对企业的业务战略进行调整或转移。同时，为了充分利用企业的现有的优势资源——品牌，企业便会采取跨类延伸方式来实现企业业务的不断扩展，进而改变品牌联想，丰富品牌内涵。当然，这样做要有战略眼光，不能急于求成、一蹴而就，应采取大目标小步子的策略。娃哈哈集团以儿童营养口服液起家，品牌初创期投入了大量的费用，并且获得了很大的知名度和美誉度，后来口服液逐渐被市场淘汰，公司及时对业务战略进行了调整和转移，推出奶制品、食品、瓶装水等产品，仍然是用娃哈哈品牌，很好地进行了品牌资产的转移、延续甚至发展。

以上便是品牌延伸的诸多内在动因，从这里我们也更清楚了品牌延伸给市场营销活动乃至企业带来的种种好处和效益。但是不得不提的是，品牌延伸也存在一些风险，不容忽视。品牌延伸策略运用得当，自然能为企业营销活动带来许多方便和利益，倘若品牌延伸策略把握不准或运用不当，会给企业带来诸多方面的危害。因此企业在运用品牌延伸策略时，要谨防对企业经营活动产生不利影响，避免损害企业利益的品牌运用风险。品牌延伸不当可能会损害原有品牌形象，当某一类产品在市场上取得领导地位后，这一品牌就成为强势品牌，它在消费者心目中就有了特殊的形象定位，甚至成为该类产品的代名词。将这一强势品牌进行延伸后，由于近因效应（最近的印象对人们认知的影响具有较为深刻的作用）的存在，就有可能对强势品形象起到巩固或减弱的作用。如果运用不当的品牌延伸，原有强势品牌所代表的形象信息就被弱化。不当的品牌延伸也可能有悖消费心理，一个品牌取得成功的过程，就是消费者对企业所塑造的这一品牌的特定功用、质量等特性产生的特定的心理定位的过程。企业把强势品牌延伸到和原市场不相容或者毫不相干的产品上时，就有悖消费者的心理定位。这类不当的品牌延伸，不但没有什么成效，而且还会影响原有强势品牌在消费者心目中的特定心理定位。此外，当一个名称代表两种甚至更多的有差异的产品时，必然会导致消费者对产品的认知模糊化。当延伸品牌的产品在市场竞争中处于绝对优势时，消费者就会把原强势品牌的心理定位转移到延伸品牌上。这样，就无形中削弱了原强势品牌的优势。这种原强势品牌和延伸品牌竞争态势此消彼长的变化，即为"跷跷板"现象。将强势品牌名冠于别的产品上，如果不同产品在质量、档次上相差悬殊，这就使原强势品牌产品和延伸品牌产品产生冲击，不仅损害了延伸产品，还会株连原强势品牌。当一个品牌在市场上取得成功后，在消费者心目中就有了特殊的形象定位，消费者的注意力也集中到该产品的功用、质量等特性上。如果企业用同一品牌推出功用、质量相差无几的同类产品，会使消费者昏头转向，该品牌特性就会被淡化。在品牌延伸中，如果破坏了品牌定位中核心价值的一致性，就会降低品牌的市场影响力。若在品牌延伸中不与该品牌定位一致，则会动摇人们心目中对该品牌的思维和情感定势，随着这种状况下的持续，自然给公众传达了不利于该品牌的混乱信息，相应地该品牌的市场影响力就会降低，严重时会危及该品牌的市场地位。品牌过度延伸的成本一直处于隐性状态，值得营销管理者高度重视。

## 三、品牌延伸成功的因素探讨

如今，众多的成功企业都愿意通过品牌延伸，来充分挖掘品牌的潜在优势。但品牌延伸并不是一本万利的经营秘籍，更不是一劳永逸的点金之术，而是一把双刃剑，运用适当则是一把营销利器，运用不当则反伤自身。怎样规避失败，如何探求成功，笔者试着以整体营销思想为指导，系统地探讨促使品牌延伸成功的主要因素及其内在关系。

（一）品牌延伸成功的基础——强势品牌

强势品牌的强势一方面表现为品牌具有很高或较高的知名度、品质认知度、忠诚度和积极丰富的品牌联想，另一方面表现为由品牌产生的光环效应和较强的影响力所产生的品牌扩展性。当强势品牌这两方面有效结合，品牌就具有了延伸价值和延伸力量，同时也具有了资本效能。所以，仅就品牌延伸而论，强势品牌是品牌延伸成功的基础。

（1）高品牌知名度、品质认知度、忠诚度和积极丰富的品牌联想。

品牌知名度指消费者认出或想起某种品牌的程度。一般而言，品牌知名度的深度（消费者见到品牌，品牌被认出或忆起的程度）较易加强，而宽度（消费者购买时想起品牌的可能性）则要根据条件反射原理，通过广告等反复强化才能实现。实际上品牌延伸的也只有品牌知名度的深度，因为消费者见到延伸新品时会想起主品牌，而不可能未见延伸产品即可想到该产品。品牌的知名度越高，品牌就会被更多、更广泛的人所熟悉，延伸后被消费者认出、忆起的可能性越高，品牌延伸成功可能性也越大。

品牌品质认知度指消费者对品牌所代表的产品或服务的整体品质的感觉。消费者购买商品不仅要花时间成本、精力成本，还要耗费心理成本，而现代社会生活节奏加快，消费者为节约更多时间去休闲，往往不愿"高度卷入式"地购买商品，常根据对品牌的品质认知去购买。具有高品质认知的品牌具有一定的光环效应，在品牌延伸上具有更大的潜力，其品牌延伸也更容易成功。因为消费者会将原有的品质印象转移嫁接到新的产品上。

由此可知，强势品牌的高知名度和高品质认知度使品牌延伸具有了强势的延伸张力。高知名度使品牌为更多、更广泛的人熟悉，而熟悉是促使人们选择的重要因素之一。高品质认知度使众多品牌的熟悉人群对品牌产生良好的态度和印象，使高知名度具有市场价值和意义。具有高知名度和高品质认知度的品牌，消费者容易形成购买意图和购买意向。

品牌联想指一提起某品牌消费者脑中会想到什么，它源于企业对消费者持久的品牌传播和教育，以及消费者对品牌的理解、消费者间的口碑相传。品牌联想可从三个方面评价。一是品牌联想度的强度，即消费者看到品牌就想起别的事物的程度；二是品牌联想的喜欢度，即指消费者看到品牌时产生正面、积极的联想；三是品牌联想的独特程度，即一看到品牌就产生的异于竞争品牌的独一无二的印象。仅有品牌联想喜欢度和强度的品牌延伸出来的产品很容易被淹没，最好是同时具备品牌联想的独特性，那样延伸出来的产品就与众不同，鹤立鸡群，更引人注目，成功的几率也高些。由于品牌延伸的同时品牌联想也在延伸，所以品牌经营者要充分利用各种手段和工具，找出那些直接或间接影响购买行为的品牌联想，开展有益的品牌延伸。

品牌忠诚度指消费者对所用的品牌感到满意并坚持使用的程度。这一术语一般用来衡量消费者对所用品牌的依恋程度，或反面来讲是转换品牌的可能程度。品牌忠诚度应是前面所讲的品牌知名度、品牌品质认知程度、品牌联想度的一个综合反映，也是消费者对品牌的态度在行为上的体现，企业一切的营销努力最终也是为了使顾客产生品牌忠诚度。品牌忠诚度越高，说明品牌越有价值，消费者越易产生爱屋及乌的心理，这种忠诚度也可迁移到延伸产品中，因而品牌忠诚度越高越易取得品牌延伸的成功。

品牌知名度是顾客对品牌的认识，品牌的品质认知度和品牌联想度是消费者对品牌的态度，品牌忠诚度反映了消费者对品牌的购买行为，从认识到最终的忠诚行为是品牌延伸效果的量化指标。

（2）品牌扩展性。

品牌扩展性是指品牌的内涵和外延对其他类别商品的兼容和适宜的特性。扩展性的实质是消费者对品牌的良好认知、体验能较好地转移到较多的其他商品类别上去，从而使被延伸的商品更容易被消费者接受和认同。所以，品牌扩展性是构成品牌延伸成功基础的重要因素。品牌扩展性主要受以下几个方面的因素的影响和制约。

品牌符号是指任何品牌都是由具有特定含义的符号构成的。品牌符号既可以是文字，也可以是具有特定色彩的图像，或是文字与图像的结合。品牌符号特有的情感和态度会附在产品上，并成为品牌情感态度的基本内容。品牌符号所具有的特定的情感和态度成为品牌扩展的影响和制约因素。当品牌符号的内涵及其相关的情感、态度与品牌延伸销售适宜的情感、态度接近或一致时，品牌符号能扩展到此类商品上，并能促进消费者接受和认同该产品。相反，当两者不一致、甚至矛盾时，品牌符号就不能扩展到此商品上，它可能不仅不能促进消费者接受新产品，相反还会阻碍消费者接受。当两者既不存在一致、接近，也不存在矛盾和不和谐时，品牌符号延伸没有积极意义，当然也没有消极的作用。"春兰"符号外延指的是春季开淡绿色小花，味芳香，叶条形顶尖的草本植物。在中国传统文化中，其内涵是淡雅、时尚和品位，给人的体验和联想是温馨、雅致。"春兰",作为空调的品牌符号,符号的情感、态度和体验与空调的购买和消费的最后希望、体验是比较接近的。当把此符号贴在冰箱和洗衣机上,符号在文化心理和态度上有助于推动消费者接受冰箱和洗衣机。当该符号贴在摩托车上,"春兰"的内涵和联想与人们对摩托车的情感、态度及体验就不一致、不和谐,甚至有点矛盾,因为人们对摩托车的体验和态度是:快速、不安全、彪悍、粗犷和野性。没有文化内涵的符号如"海尔"没有借助传统文化优势,当然也就不受文化内涵的限制,所以具有了超文化的扩展性。

同时,品牌符号的商业含义也影响和制约着品牌的扩展性。成功的品牌经营给品牌塑造个性、针对性,使品牌与目标消费群认同和共鸣,并营造出品牌区别和区隔,定位是达到此目标的有效策略。品牌经营使品牌具有了特殊的商业含义。譬如,"金利来"的商业含义是"男人的世界"。这些商业含义为品牌经营成功提供了良好的条件,同时也限制着品牌的扩展。"金利来"赢得有一定经济实力、重身份体验的男性消费群的同时,不可避免地放弃重实惠的男性消费群体;它在构建男性服饰市场优势的同时,推开了女性消费者,从而限制了它向一般男性服饰和女性服饰的扩展性。

品牌与其对应的产品及其所属特征、企业属性、产地的关系在一定程度上影响和制约着品牌的扩展。如果一品牌与产品类别联系过于紧密,就容易使消费者或社会公众产生品牌心理定势(消费者或公众对品牌认知、体验的固定化和刻板化的反映倾向)。这种反映倾向就限制和制约了品牌扩展和延伸。IBM被固定化为电脑,"施乐"被固定化、刻板化为复印机。IBM扩展到复印机上的失败,"施乐"扩展到电脑的败北在很大程度上就是心理定势限制品牌扩展作用的结果。品牌与产品属性,特别是优良产品的属性结合在一起,当然会使消费者易于接受,不过它不利于品牌延伸。例如一提起沃尔沃,就想到其安全性能好,这样就不利于沃尔沃延伸到豪华轿车。品牌与产品用途的关系紧密也不利于品牌的广泛延伸。道理很简单:三九是用来治病的,不宜进入消费者易得病的烟酒行业、高糖食品行业等。品牌与产品使用者的关系对品牌延伸的限制不如前面几点严,但也有所限制。例如金利来是"男人的世界"、男人的品牌,就不宜延伸到女人用品领域。

品牌有很多属性,有些属性归产品,有些属性归企业。有的品牌可能会强调企业的属性,而不是具体的产品或服务的特点,如企业的实力、规模和创新能力、对品质的重视、视服务为生命、企业的价值观等。一个品牌如果与企业联系密切,则品牌的延伸范围就广。因为,品牌体现和反映的这些属性往往

"放之四海"而皆准,所以品牌延伸起来自身的障碍就少很多,或者根本不存在。例如,海尔虽是靠冰箱起家的,不过其一直以来宣传的是张瑞敏怒砸品质有小问题的冰箱的故事(以体现其对质量的重视),宣传的是星级服务及其产生的人皆称颂的服务故事,和"真诚到永远"的企业理念。近年,又宣扬"海尔,中国造",强调海尔以振兴中国经济走向世界为己任的企业价值观,一步步把海尔品牌加以提升。有些品牌与地理位置有着千丝万缕的联系,如贵州茅台,义乌小商品,汉正街"水货"市场。如果品牌延伸到对该产地没有形象优势的产品,则是难以获取成功的,例如茅台延伸到非酒行业,义乌地方的品牌延伸到非小商品领域,汉正街里的品牌想走高档路线,都是难以见成效的。

### (二) 品牌延伸成功的条件——相似性

品牌延伸成功不仅取决于它的强势及其大小,而且还取决于品牌强势被延伸产品可否利用和利用程度。除人的因素对强势的利用的影响外,被延伸产品对品牌强势的可否利用和利用程度主要取决于品牌与被延伸产品的相似性。艾克(Aaker)等人(1990)的研究表明,在核心产品与延伸产品存在相似性的条件下,消费者对延伸产品的评价与核心产品的总体质量成正向关系,即核心产品总体质量对延伸产品有波及作用。Nakamoto(1990)认为,品牌延伸效果的好坏,决定于品牌原有形象与延伸产品形象之间的相关程度,相关程度大则延伸效果好。科普菲尔(Kapferer,1997)认为,只要延伸产品与消费者心目中原品牌概念一致,消费者就可以接受。由此可见,恪守延伸产品与核心品牌的相似性是品牌延伸成功的条件。

(1) 相似性的概念。

相似性又称相关性、关联性,是指延伸产品与核心品牌之间的某种共通性和匹配度。这种共通性并非单指产品方面,还包括非产品方面。MacInnis 和 Nakamoto(1990)认为,品牌延伸中的相似性可分为两类:与产品相关的属性或利益以及与产品无关的属性或利益。Park、Miberg 和 Lawson(1991)也认为,相似性并不只反映在于产品相关的联想上,而是可分为两类:产品特征相似性和品牌形象相似性。两类相似性可再度细分,根据研究(Aaker 和 Keller,1990;符国群和约翰·桑德斯,1995;卢泰宏,1997;Chernatony,1998),连续延伸所依据的与产品有关的相似性有三类:技术或资源的可转移性(此处的技术指有竞争优势的核心技术,而非简单技术),如理光利用其卓越的光电技术自然而顺畅地横跨传真机、复印机、照相机等;互补性,一种是只有两者共同使用才能实现同一消费功能,如照相机和胶卷、牙膏与牙刷,这种相得益彰的关系就决定了人们极为自然地接受品牌延伸，另一种是品牌系列消费，如美白系列、护肤系列等；替代性，如产品线的延伸，当然若企业考虑到相同的使用价值、产品的更新换代、技术的进步、购买力的提高等多种因素的影响，企业可将强势品牌名延伸到替代性产品，如果"永久"自行车能够充分利用当年的声誉，其品牌延伸到电动自行车、助力车、摩托车甚至小汽车应当很有可能成功。非连续延伸所依据的是与产品无关的相似性（价值性），如品牌形象、象征意义等，这些可归纳为品牌的核心价值或品牌内涵的主成分，如卡勒皮靴从掘土机延伸到皮靴就是保持了其核心价值：坚韧、户外。

我们把 Edward Tauber 总结出的 7 种基本延伸类型与相似性的分类联系起来，可以得到图 1.4。

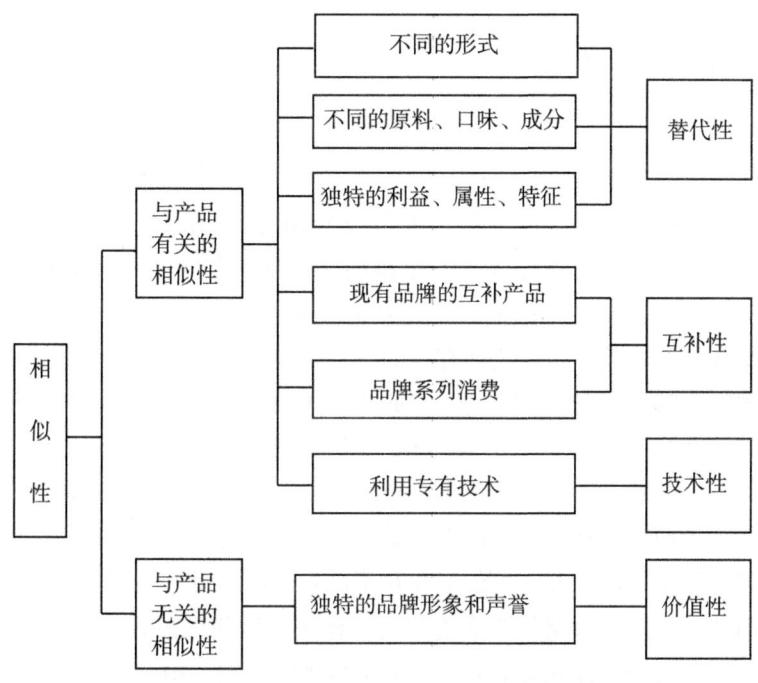

图 1.4 基本延伸类型与相似性分类的联系

（2）理论依据。

为什么说延伸产品与核心品牌的相似性是品牌延伸成功的条件呢？其理论依据何在呢？这可从延伸评价的情感迁移模型（如图 1.5 所示）和联想需求模型中得到解释。情感迁移模型认为消费者对延伸产品的初始态度来自于对母品牌所具有的好感，是母品牌整体迁移的结果。这种迁移依赖于消费者感知到的在母品牌和延伸产品之间的相似性和拟合度，其对原品牌的态度和情感可能会通过两个路径迁移到新产品中：一是直接迁移机制，即通过条件反应机制实现原品牌迁移到新品牌，在这一机制下，消费者对品牌信息加工的参与性较低。二是间接迁移机制，即消费者首先要形成并体验到延伸品牌与原品牌之间相似的程度或形成品牌认知图式，在这一心理图式的影响下，消费者对原品牌的态度和情感才有可能迁移到延伸品牌，从而对产品产生正面的评价。否则，就是负面的评价。

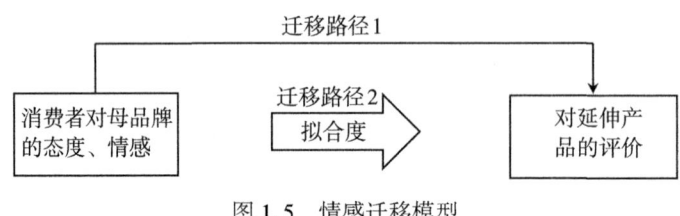

图 1.5　情感迁移模型

在情感迁移模型中，消费者对母品牌的态度和好感通过两个可能的迁移路径迁移到延伸产品，对延伸评价产生影响。迁移路径 1 是一种直接迁移的过程。Boush 等人在 1987 年用刺激泛化和同化来解释这种迁移。他们认为，品牌态度是在母品牌与消费者之间存在的一种条件反射，当条件刺激——母品牌名称出现时，就会引起消费者的一定的情感体验比如喜欢的情绪等。由于延伸产品与母品牌共同使用同一品牌名称，因此，在相似条件刺激（品牌名称）的情境之下，消费者对延伸产品也会产生类似于母品牌的情感体验。在这种迁移路径下，延伸产品初始态度的形成是一种不自觉的、被动的反应，消费者主动加工的参与很少，因此它可能只存在于低卷入而且对母品牌和延伸产品了解极少的消费者中。迁移路径 2 描述的是一种间接迁移的过程。在这种迁移中，延伸评价受到延伸产品和母品牌之间的拟合度的影响。拟合度表征的是消费者主观上感知到的延伸产品和母品牌之间的相似性的程度（互补性、替代性和技术性）。在延伸产品与母品牌之间拟合度高的情况下，消费者对母品牌的态度或好感能比较顺利地迁移到延伸产品，从而对延伸产品产生正面的评价；而当延伸产品与母品牌产品之间的拟合度较低时，消费者对母品牌的态度与好感不能顺利地迁移到延伸产品上，而且由于认知冲突，甚至可能会对延伸产品产生一种比较负面的评价。在品牌延伸的情境下，消费者是将延伸产品与母品牌进行类比。母品牌在消费者头脑中具有一定的知识结构,而延伸产品也有自身的一系列特质。这些特质与母品牌的知识结构的一致程度即消费者感知到的拟合度,决定了消费者类化的成功或失败。如果拟合度高、类化成功,则与母品牌相联系的态度会迁移到延伸产品上,形成对延伸产品的正性评价;而对于拟合度低、类化失败的延伸产品,消费者则会进行进一步的精细加工,根据母品牌类别和延伸产品共享的特质及其在产品领域的重要程度来进行态度的迁移。迁移路径 2 需要消费者主动地对延伸产品和母品牌进行认知加工,因此,它反映的是消费者在高卷入以及对母品牌和延伸产品知识比较丰富的情况下的延伸评价。

情感迁移模型比较清晰地描述了消费者的延伸评价过程,但其对拟合度的概念与测量有一定的局限性,这使得它无法解释实际中为什么一些远延伸也能获得成功。这就有赖于延伸评价的联想需求模型来进行解释。该模型认为决定延伸评价的主要因素不是消费者的品牌态度、好感度或延伸产品与母品牌产品之间的拟合度,而是母品牌的品牌特定联想在延伸产品领域被需要的程度 $\sum A_i I_i$(其中 $A_i$ 代表母品牌的第 $i$ 个特定联想,$I_i$ 代表该联想在延伸产品领域被需要的程度)。母品牌的特定联想是指将一个品牌与竞争品牌相区别的一些特质和利益点,它们存在于消费者的头脑中,在研究中一般采用自由联想的方法进行测查。母品牌特定联想实际上是消费者头脑中能够被实时提取出来的有关母品牌的一些特性(包括价值性,即品牌的核心价值或品牌内涵的主成分),因为它们的可及性,因此最有可能影响到消费者对延伸产品的评价。这个模型认为消费者会先判断母品牌的特定联想是能提供延伸产品所必需的一些特质或利益点,还是有抵触,然后对每个延伸产品做出评价。

在无竞争的情况下,外在的刺激或内在需要唤起消费者的某种动机(寻找能满足需要的产品和品牌),由满足需要的驱动以及消费者对品牌的态度,通过心理要素及其机能对品牌与延伸产品进行感知反映。同时,激活头脑里储存的有关品牌、产品的相关知识、经验和体验推动认知活动的开展。品牌及其延伸产品与消费者已有的经验、知识相联系,经过联想、想象、判断、推理和思维等认知活动,逐渐形成对品牌延伸到甲产品及其品牌的新知识;这种认知结果与需要相联系,产生对延伸新产品及其品牌的观念上的体验反映,即品牌延伸产品的情感。在认知和情感的影响下,结合需要满足状态,则形成对品牌及其延伸产品行为上的倾向或意图。

在有竞争的情况下,强势品牌有良好的声誉和市场份额,品牌延伸进入另类市场。消费者受需要的驱动或因该强势品牌延伸产品的广告、宣传的作用进入该市场接触到了其他品牌多个品牌的该类产品,消费者很容易感受该市场固有强势品牌的显赫地位和吸引力,并使之成为其购物清单上的重要候选品牌.在接触延伸产品及其广告宣传时,消费者强势品牌刺激,激活相关记忆,于是发生该品牌与其延伸产品甲之间的联想,为认知、学习以及情感迁移提供条件,此结果成为对延伸产品态度形成的主要因素,但由于该市场已有其他竞争品牌,强势品牌与竞争品牌具有竞争关系,这些品牌必然影响、干扰、阻碍消费者对强势品牌延伸产品的认识、判断和体验,参与对延伸产品态度的形成.在这种情况下,延伸品牌在原市场上的影响力和态度评价与延伸市场上相比,有不同程度的缩水,也会最终影响到延伸效果。

(3) 实践指导。

进行品牌延伸应保持与原有产品的相似性,不能盲目进行。首先应考虑品牌的核心价值与个性(价值性)。品牌的核心价值,是企业具有的某种鲜明的、在一定程度上不可替代的能力。它根植于企业文化、表现于外部界面,可以是有形的产品专利,也可以是无形的创新机制;可以是卓越的产品质量,也可以是完美的营销服务,甚至是企业崇尚的一种经营理念。一个成功的品牌有其独特的核心价值与个性,若一核心价值能包容延伸产品,就可以大胆地进行品牌延伸,也就是说品牌延伸应尽量不与品牌原有核心价值与个性相抵触。这里的品牌核心价值与个性不是指产品之间表面的关联度(替代性、互补性、技术性),而是指品牌后面隐藏着的文化和价值观,它使得品牌不仅给消费者以物超所值的享受,更给消费者以民族文化、时代文化的享受。正是这种内在的核心价值和个性解释了为什么许多关联度低,甚至风马牛不相及的产品共用一个品牌也能获得成功。如登喜路(Dunhill)、都彭(S. T. Dupont)、华伦天奴(Valentino)等奢侈消费品品牌麾下的产品都有西装、衬衫、领带、T恤、皮鞋、皮包、皮带等,有的甚至还有眼镜、手表、打火机、钢笔、香烟等跨度很大、关联度很低的产品,但也能共用一个品牌。因为这些产品虽然物理属性、原始用途相差甚远,但都能提供一个共同的效用,即身份的象征,能让人获得高度的"自尊"和满足感。购买都彭打火机者所追求的不是点火的效用,而是感受顶级品牌带来的满足感。值得一提的是,在品牌延伸之前应正确认识品牌的核心价值与个性。如果狭隘地认识品牌的核心价值,就有可能延误品牌延伸的时机。如雀巢与咖啡的关系密切,消费者一提到雀巢,首先想到的就是咖啡,但这只是雀巢的核心价值之一,它还意味着"国际级的优秀品质、温馨、有亲和力",这些才是雀巢品牌的核心价值的主体部分,故能包容咖啡、奶粉、冰激凌、柠檬茶等许多产品。因此,在进行品牌延伸时,我们首先要分析延伸产品与原有产品之间是否存在共同的核心价值和个性，这是决定品牌延伸是否成功的关键。

其次，当延伸产品与原有品牌不具有内在的共同核心价值和个性时，品牌延伸就应考虑延伸品牌与原有品牌表面的关联度，尽量使延伸产品与原来的品牌在其产品的定位、特色及其消费对象等方面相吻合。如不然便会损害其已在消费者心目中所树立的品牌形象。这样的教训不少，比如"贴肚脐治痔疮"，荣昌制药厂的这则广告，我们早熟到出口成诵的地步。随着这一广告的广泛传播与渗透，荣昌制药厂的企业形象得到了较好的确立和提升。后来，电视上又推出了这个制药厂的另一新产品甜梦口服液的广告，尽管启用了两位知名度较高的影视明星出镜，广告的制作也算精美，但效果是十分有限的。这家企业一边向我们推销它的治疗痔疮的肛泰，一边又要我们买它的甜梦口服液，由于不良联想，消费者很容易在心理上产生一种排斥情绪，当然就难以激发他们的购买欲望。不妨设想一下，"红塔山"牌护肝霜，"茅台"牌皮鞋油、"999"牌啤酒会在消费者心目中产生怎样的品牌效果呢？

### （三）品牌延伸成功的保障——新产品本身的成功

上面述及的品牌延伸的基础——品牌资产是否雄厚，欲延伸的产品与原产品的相似度都只是讨论了品牌延伸的理论可能，即有没有资格延伸、在多大范围内延伸较合适、拟合度如何等，但何时延伸、延伸到何种产品上？还是得看天时、地利、人和，即新产品的营销环境和企业的支持力度是否正在其时，如正在其时，则新产品本身就会成功。长期以来，人们没有认识到新产品本身的不成功也是导致品牌延伸失败的一个重要原因。如果新产品相当成功，就说明公众愿意或比较容易接受该产品，该产品在公众心目中的品牌形象肯定也不错，新产品的成功肯定会对品牌延伸的成功助一臂之力。如果企业的新产品不成功，那么企业的品牌延伸肯定不成功。所以，新产品本身成功是品牌延伸成功的保障，而影响新产品本身成功的因素又有哪些呢？

（1）延伸产品的营销环境。

延伸产品本身能否成功首先要看延伸产品的市场需求量、市场竞争态势等营销环境因素。

①延伸新产品的市场需求量。在进行品牌延伸时，应考虑市场的需求量，看有没有可供挖掘的空间。在企业决定进行品牌延伸之前，要对目标市场做一番周密细致的市场调研，要计算出市场的总容量，并尽可能细分市场，达到量

化指标，结合自己准备推出的产品性能和特色，看是否值得进行品牌延伸，以及胜算的把握，而不是看别的企业进行品牌延伸就眼红，不分青红皂白，脑门一拍就上。

②延伸新产品的市场竞争态势。当延伸新产品的市场上，品牌纷杂、品牌市场格局未定格、没有或未形成强势品牌时，被延伸的新产品容易成功。因为品牌的市场格局未定，即使有相对强势品牌浮出水面，其地位不稳，实力有限，心理优势和市场优势尚未确立，其他市场的强势品牌的优势在延伸中凸显，市场的相对优势也不可能对延伸品牌形成抗击优势，这样的市场有延伸空间，被延伸的新产品容易成功。在我国，纯净水行业尚未出现一个全国性的领先品牌时，"乐百氏""娃哈哈"顺利地从乳酸业成功地跨入到纯净水市场，成为这一行业的一流品牌的情况就基本属于此类。相反地，市场上的强势品牌，通常是该市场上最有购买力的品牌。它在三方面占据市场优势，并强烈地抵抗着延伸者的入侵。首先，它占据了市场最多的份额，实力最强，有能力抗击入侵者。其次，它的知名度和美誉度高，获得该市场多数消费者的肯定和喜爱，它占据消费者最有利的位置，并在心理上构筑起抗击入侵者的屏障。有的强势品牌甚至成为类别产品的代名词，延伸者只能是仿冒者。最后，它占据并控制了主要的销售渠道，可能阻塞延伸者的销售渠道。在这样的情况下，其他市场强势品牌延伸进入，难以获得成功。IBM进入复印机市场的失败，施乐进入电脑市场的败北，3M公司闯入胶卷市场被柯达扼杀，就是这方面的例证。

在一般情况下，如果延伸产品市场早有强势品牌，市场格局早已定格，市场成熟，则该延伸产品是难以成功的。但是，只要延伸者能找出该市场有价值的空隙，并使延伸产品占领此空隙，被延伸的新产品的成功仍有可能。"海尔"由冰箱、空调延伸进入洗衣机市场，当时以"小天鹅""小鸭"为龙头的洗衣机市场格局早已形成并定格，两者是行业的强势品牌。"海尔"找到了全自动滚筒、高品质、高价格和优服务洗衣机的市场空隙并占领了此位置，使被延伸的新产品获得成功，进而使品牌延伸获得成功。

（2）企业的支持力度。

①企业的实力和形象。延伸产品是否成功与企业的实力以及形象有很大的关系，尤其在国内市场，产品质量与广大消费者的期望还有一定的距离，企业经营不规范仍普遍存在，公司在消费者和社会公众心目中的实力和形象，如对公司其他产品是否满意、质量是否可靠、是否信赖会在很大程度上影响消费者是否愿意接受延伸产品。消费者是根据对公司的认识和信任以及延伸产品与公

司的相关性即消费者认为公司是否有能力来生产延伸产品这两点来决定是否接受新产品。因此企业只有建立起良好的信誉,延伸产品才会有成功的机会。企业的信誉是企业在长期经营过程中建立起来的公众对其人格化的信任,它支撑着消费者的信心,让被延伸的新产品具有可信性。如果企业在悠久的历史中持续一贯地推出高质量的产品,保持对消费者的高度道德责任,那么,消费者就会对公司推出的每一款新产品持肯定的积极响应的态度,至少在未被否证之前不会持怀疑态度。如日本公司,大多用公司品牌直接推出产品,如日立、松下、佳能等。

②企业的营销努力。企业是否采取有效的营销策略和有力的营销手段来确保延伸新产品的成功会影响到品牌延伸的效果。因为品牌延伸到一个新的领域,如果延伸产品所在的行业内存在强大的品牌,那么仅靠品牌的知名度和品牌核心价值观的包容力是远远不够的,延伸难以成功。企业仍须在产品、定价、渠道、促销广告等营销方面付出很大努力。即在产品方面采取差异化战略,精确定位切割对手市场空隙或薄弱环节的市场份额;定价方面则可采取比对手稍低价格的策略;渠道方面则给予经销商更高的返利和更强大的渠道支持以及采取减少渠道成员层级,使渠道扁平化,以更接近消费者和更快地顺应市场变化;在促销方面,则加大终端人员促销的努力,做好终端货架的生动化陈列,争取更好的排面;广告上则可加大广告投放力度,采取明星策略等。

(四) 品牌延伸成功率模型

综合以上分析,品牌延伸能否成功与三个方面有关,即一是原品牌是否是强势品牌;二是延伸产品与核心品牌的相似性如何;三是延伸的新产品是否成功。下面我们将用三环图来对品牌延伸的成功的因素进行图示分析(见图1.6)。

三环图在很大程度上涵盖了品牌延伸过程中所有可能出现的问题。无论什么企业,只要其进行的是品牌延伸,均可以被放置在品牌延伸三环图中由三个环相互交叉构成的七个区域中某一环。

企业品牌延伸失败往往是因为仅考虑一个或两个因素。盲目品牌延伸多只考虑一方面因素,即处于第1区域(强势品牌)或第2区域(新产品的成功)或第3区域(相似性)。第4区域(能延伸),同时处在强势品牌与相似性两环内,企业有能力而且延伸产品与核心品牌有相似性,但此时新产

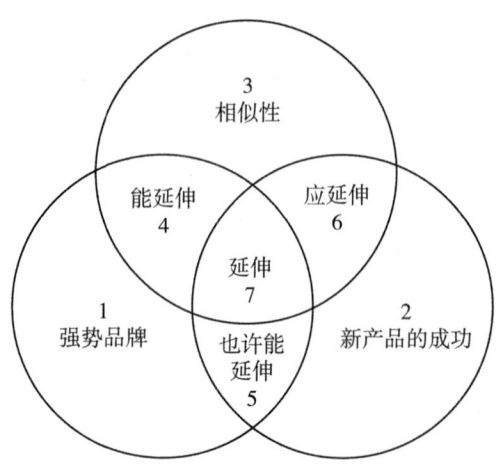

图 1.6 品牌延伸三环图

品本身由于各种原因并不一定能获得成功,从而不能为企业带来经济利益,这是企业所不期望的;第 5 区域(也许能延伸),同时处在强势品牌与新产品的成功两环内,企业有能力进行且可为其带来经济利益,能否实现良性延伸取决于延伸产品与核心品牌的相似性如何;第 6 区域(应延伸),同时处在相似性与新产品的成功两环内,企业进行的品牌延伸具有延伸产品与核心品牌具有相似性且能为企业带来经济利益,关键就在于提高品牌的强势度,以能够把握延伸的机会。企业进行延伸的品牌是强势品牌、延伸产品与核心品牌具有相似性且新产品本身又能获得成功的则应在中心区域——第 7 区域(延伸),即三环的重叠部分,是成功品牌延伸的重点。综上所述,企业若进行成功的品牌延伸,必须严格按照品牌延伸三环图,将强势品牌、相似性、新产品的成功这"三步曲"同时演奏,三位一体,才可达到兵法上的"先胜而后求战"的境界。

## 第二节 中国快速消费品行业对品牌延伸的特殊要求

一、快速消费品的基本品牌特征

(一)快速消费品同质化严重,消费者品牌忠诚度不高

从快速消费品的特点来看,相对于耐用消费品而言,消费者对产品属性的

敏感度不高，产品的可替换性大。如在洗发水的购买中，消费者往往会同时购买和使用不同的产品和品牌，变得越来越喜新厌旧，越来越在微妙之处捉摸不定。而快速消费品不像IT或者电子产品那样可以不断提升新技术、附加新功能，提供真正的改变，从产品而言往往缺乏本质上的变化。所以对快速消费品而言，品牌的力量比产品的力量更加强大。品牌忠诚度是衡量品牌忠诚的指标。由消费者长期反复地购买使用品牌，并对品牌产生一定的信任、承诺、情感维系，乃至情感依赖而形成。品牌忠诚度高的顾客对价格的敏感度较低，愿意为高质量付出高价格，能够认识到品牌的价值并将其视为朋友与伙伴，也愿意为品牌作出贡献。然而，由于快速消费品行业准入门槛低，大量同质化的产品充斥市场，每天新冒出的品牌让中国的消费者面对着前所未有的物质充裕度，激烈的市场竞争使得市场上难以出现一家独大的品牌。消费者的品牌忠诚度处于较低状态，同时在数个品牌中随意切换，成为当下的消费方式。此外，由于快速消费品使用频率高，一次使用体验难以对其长远消费行为产生影响，因而消费者的品牌转换成本较低，加之不同竞争企业层出不穷的新兴产品和别出心裁的广告传播，使得消费者会不断更换品牌，对品牌没有认同，对价格非常敏感。哪个价格低就选哪个，因而快速消费品行业品牌忠诚度很低。

（二）快速消费品市场变化迅速，品牌之间竞争激烈

中国是世界上最大的消费市场，人口众多，地理复杂、消费差异化大，市场秩序比较混乱。虽然有可口可乐、百事可乐、宝洁、联合利华、雀巢、达能等大型跨国公司进入中国市场，中国本土企业中也成长出一些知名品牌，如娃哈哈、农夫山泉、双汇、伊利、蒙牛、光明、华龙统一、康师傅、旺旺、青岛啤酒等。在快速消费品行业，技术含量低，容易复制或者仿制，进入门槛低。就整个行业来说，创建一家企业所需要的初始投资少。简单的技术，易学的经营方式，超低的沉没成本，于是有些资金和想法的创业者很容易在快速消费品行业找到切入点。在超市的食品区，调味品区等货架上挤满的品牌，都说明了在快速消费品领域里有众多的企业在厮杀，品牌竞争异常激烈。在跨国公司的冲击下，许多本土企业突破重围，取得了一定的成功，如立白、娃哈哈、蒙牛等。在营销手段的利用上，它们并不比国外品牌逊色，灵活运用与创新已经使这些国内品牌达到了一定知名度与美誉度。如通过高空传播打响知名度的王老吉凉茶、针对目标消费群体成功运作"超级女声"进一步提高市场份额的"蒙牛"。另外，还有一些企业从中国的国情出发，绕开强大的竞争对手，从巨大的空隙市场入手，也取得了显著的成功。典型要数娃哈

哈所开创的"非常可乐"品牌，争取了中国农村的碳酸饮料市场，极大地提高了企业的整体实力。

### （三）消费者在快速消费品选择上品牌意识逐渐增强

人类生活环境越来越差，水、空气污染严重等，使得人们对生活中吃的、喝的、用的等这些使用频率高的快消品总是不放心，担心其是否会影响身体健康。市场上同类产品多，销售方式多样化，在功能相同的前提下，消费者难以决定购买哪个产品，同时消费者信息获取的便利，消费者更全面了解产品信息，质量问题屡屡被曝光，面对华丽的产品外包装、五花八门的广告，消费者难以决策。这时候消费者为了放心，品牌的追求就显得尤为突出，品牌是高品质的代表，是众多人在多次使用后对产品的高度评价，消费者能够放心购买和使用，能够增加消费者的忠诚度，增加消费者的购买意愿。现阶段市场上同一功能属性的快速消费品越来越多，单从功能属性上无法准确区分一个产品或服务，品牌诞生的作用之一是区分不同产品或服务。快速消费品消费者忠诚度低是不可忽略的事实，随着经济社会的发展，消费者的需求变化显著，从最初的考虑产品的使用功能，到当下关注产品的象征意义、附加价值，而这些需求只有通过品牌来获得。生产者和消费者越来越关注品牌，品牌意识逐渐树立，消费者品牌意识会极大程度地影响消费者的购买行为。消费者在决定购买何种快速消费品时，接受某种品牌的信息刺激越多就越倾向购买该种品牌。终端对刺激消费者的购买欲望，最终促成购买行为的作用较大。产品是否醒目、包装是否突出、品牌是否有感召力，对引起消费者的注意和兴趣、启发购买动机和引起购买行为都有很重要的作用。

## 二、中国市场的特殊性及对快速消费品品牌延伸的特殊要求

### （一）快速消费品品牌延伸必须建立在核心品牌强有力的竞争力基础上

随着市场经济的发展，快速消费品市场竞争日益激烈。竞争者逐渐增多，竞争手段更加先进。品牌竞争力逐渐成为快速消费品企业的核心竞争力。品牌竞争力是某品牌具有较同类产品市场影响力大、占有率高、附加值高、生命周期长的深层次原因，是企业的品牌拥有区别和领先于其他竞争对手的独特能力，能够在市场竞争中显示品牌内在的品质、技术、性能和完善服务，并引起

消费者的品牌联想进而促进其购买行为。品牌竞争力是企业核心竞争力的外在表现，有不可替代的差异化能力，是企业所独具的能力，是竞争对手不易甚至是无法模仿的；具有使企业能够持续赢利的能力，更具有获取超额利润的品牌溢价能力；强势品牌竞争力强，有更高的认知品质，企业的品牌产品可比竞争者卖更高的价格，攫取超额利润，这就是品牌的溢价功能。强势品牌具有高知晓和忠诚度，统领企业其他所有竞争能力，是处在核心地位上的能力，是企业长期积淀下来的能力，深深地扎根于企业之中。品牌竞争力有持续性和非偶然性的特点；具有延展力，有构建竞争壁垒的能力。同其他行业一样，快速消费品品牌竞争力不是一个单一的能力而是一种集合的能力。它是产品、企业以及外部环境等创造出的不同能力的集成组合。中国快速消费品要取得品牌延伸战略的成功必须通过有效的树立企业品牌与产品品牌之间的关系，使它们彼此互动，相互提升，并且形成整合力，这样可以节约大量成本，从而达到整个品牌家族最大化。

（二）快速消费品品牌延伸必须建立在核心品牌鲜明的品牌个性基础上

品牌个性一方面来源于生产者创造，另一方面来源于消费者感知，生产者在生产过程中赋予产品特点、气质，消费者在使用过程中会产生心理感知，两者的综合形成品牌个性。Nandan（2005）认为消费者通过对企业的品牌策略做出自己的主观反应形成品牌个性。随着消费水平的提高，快速消费品消费者对产品的关注转换为越来越关注产品的象征性和体验性品牌特征，越来越关注能够充分代表产品的非功能性特征的品牌个性。品牌个性分为功能性、象征性、体验性，产品通过其象征意义影响消费者认知，从而形成消费者的品牌忠诚度，最终树立品牌个性，消费者依托品牌个性将自身性格在产品或服务上再现。

品牌延伸如何才能成功与费者如何评价品牌密切相关，母、子品牌个性一致性是否对品牌延伸的效果具有重要影响。在个性化营销时代，企业如何通过品牌延伸来建立起独特的品牌个性，如何不断强化其品牌个性使之成为不可被代替的强势品牌，成为了现代企业的重要任务。在这个宣扬个性化的时代，品牌个性对品牌延伸评价有着不容忽视的作用。因此，快速消费品企业进行品牌延伸时应该更多关注品牌个性的一致性传递，使得子品牌能够从母品牌继承更多属性，而子品牌可以适当加入创新元素，从而反馈并加强母品牌的品牌形象及个性，使其更加鲜明独特，最终通过积极的品牌延伸评价来让消费者获取更积极的母品牌知识，进而对延伸品牌具有良好的品牌印象。

（三）快速消费品品牌延伸必须建立在核心品牌系统的传播策略基础上

快速消费品品牌延伸战略要取得成功必须构建核心品牌传播系统，进行全方位的品牌传播。通过消费者体验、电波广告等传播策略在消费者心中树立符合品牌个性的情感支撑点，使广大消费者认同和认可其产品，提高品牌的可信度和可靠性，以达到促进消费者购买行为的目的。品牌传播主要是与消费者进行心理沟通的一种过程，它所涉及的信息中精神层面上的信息更容易取得好的品牌传播效果。我国快速消费品企业在进行品牌传播活动中，除了关注物质上的、具体的品牌识别符号，还必须关注精神层面，特别是品牌核心价值和品牌个性的传播，必须拓展快速消费品品牌传播的传播范围与传播方法，与其他信息层面的传播进行协同组合，从整体上提升快速消费品的品牌传播活动，从而与消费者进行有效的沟通，真正实现企业和消费者对话式传播，实现快速消费品企业和消费者双向沟通的互动过程，使得快速消费品企业所传递的品牌信息，最终到达消费者头脑之中，并为消费者所接受，为品牌延伸战略的成功奠定强有力的基础。

### 三、中国快速消费品品牌延伸战略的基本着力点

（一）着力打造快速消费品主品牌的核心价值

快速消费品同质化的特点和消费者购买力的提升，中国快速消费品市场消费者的消费需求在不断发生变化，高品质的品牌产品更加受到消费者的青睐，消费者对功能性产品或服务性产品渐渐减少关注，将关注的重心转移至品牌核心价值。

中国快速消费品品牌延伸战略要取得成功必须打造品牌核心价值，获得品牌的核心竞争优势和在市场上的主导地位。中国快速消费品市场营销环境复杂，动态性强，在复杂环境背景下一项产品想长期保持竞争优势，在未来的品牌延伸战略中取得成功，必须树立一个长期稳定的品牌，打造品牌的核心价值。品牌的核心价值包含理性价值、感性价值和象征性价值三大类。其中，理性的品牌核心价值着眼于功能性利益或者相关的产品属性，如功效、性能、质量、便利等，在快速消费品行业相当常见，是绝大多数品牌在品牌塑造初期的立身之本和安身之所。感性的品牌核心价值着眼于顾客在购买和使用的过程中

产生某种感觉，这种感觉为消费者拥有和使用品牌赋予了更深的意味和营造了密切的关系，很多强势品牌的识别在理性价值之外往往包含情感性价值。象征性的品牌核心价值是品牌成为顾客表达个人主张或宣泄的方式，有个性的品牌就像人一样有血有肉、令人难忘。一个品牌最重要的核心价值就是品牌个性，品牌个性是品牌的灵魂，已经成为一种悬乎其悬的神奇力量，同人类个性一样具有长期稳定性，快速消费品行业急需为自身打造品牌个性，塑造有利于长期可持续发展的品牌价值。

### （二）着力建构快速消费品品牌系统的消费者沟通体系

快速消费品品牌延伸战略的有效执行需要建构品牌系统的消费者沟通体系，需要提升品牌资产，从长期规划上占有目标市场。品牌传播的效果会影响到每次营销传播活动，而且品牌传播活动的核心价值会直接指导每次营销传播活动的开展，而每一步营销传播活动都牵连了品牌传播的神经。在本土快速消费品企业开展品牌传播活动中，更多体现的是营销传播活动，企业比较重视营销组合要素的运用以及营销技巧的创新，其中也取得了不错的成绩。然而，营销传播的操作模式一定程度上会限制品牌的长远发展，比如一次盛大的公关活动，在品牌传播者的眼中是目标战略实施的一部分，它们往往会进行后续的一系列工作，保持统一的传播形象，以达到相应的传播目标。而在许多营销传播者的操作中，容易把这次公关活动当成独立的部分，最多也是捆绑广告、促销等营销要素而取得轰动一时的市场效应。在竞争激烈的中国快速消费品市场，在市场的冲击下，快速消费品企业容易被一次稍不如意的传播效果所打击而变换品牌核心价值，最后导致品牌定位模糊，最后偏离品牌长线建设，因而不利于品牌延伸战略获得成功。基于目前中国快速消费品市场状况和营销传播活动存在的问题，本书认为快速消费品要取得品牌延伸战略的成功必须着力建构快速消费品品牌系统的消费者沟通体系。

### （三）着力把握快速消费品品牌延伸的有利时机

随着市场竞争程度的加剧，快速消费品的品牌延伸已面临着越来越大的风险。利用已有品牌的价值和品牌资产，通过延伸转移到新产品或服务上，从而大大降低新产品进入市场的风险。快速消费品的品牌延伸必须遵循适时原则，把握好品牌延伸的时机。快速消费品企业进行品牌延伸必须在核心主品牌成熟并已经在消费者心目中建立良好的声誉后才能进行。一个名牌品牌的建立和品牌资产的累积需要一个长时间的持续过程。如果在原品牌地位尚未确立时进行品牌延伸，非但无法达到品牌延伸的预期效果，还可能冲淡原品牌的品牌价值，削弱其在消费者心目中的地位。在品牌延伸时，既要重视原品牌，又要坚持不断完善老品牌和不断创立新品牌。

# 第二章　快速消费品不同品牌生命周期阶段的品牌延伸战略

众所周知，产品具有生命周期，它是指产品在市场上从上市、大量销售到淘汰的过程，具体分为产品的导入期、成长期、成熟期和衰退期。产品的生命周期是有限的，而品牌所包含的产品可以是一种，也可以是很多种。产品在生命周期的制约作用下不断从产生走向衰亡，而品牌可以不断延伸、扩大，并使其知名度不断提高。由此可知，品牌一旦建立只要进行合理的经营管理，品牌是不会进入衰退期的。因此，本书提出，品牌的生命周期包括三个阶段，即品牌初创期、品牌成长期以及品牌延伸期。

先做对的事，然后把事情做对。品牌延伸战略就是做对的事，如果事情一开始就错了，那么不管过程如何努力，都会是事倍功半的结果。尽管品牌延伸的战略管理是如此重要，然而在市场实战中，似乎并没有引起企业的广泛重视，许多企业是走一步看一步。如果缺乏一个对品牌延伸战略整体运作的长远思路，将导致企业经营的混乱无序，这无疑是对品牌资源的极大浪费。在此，我们构建一个基于品牌生命周期的品牌延伸战略管理体系，如图2.1所示。

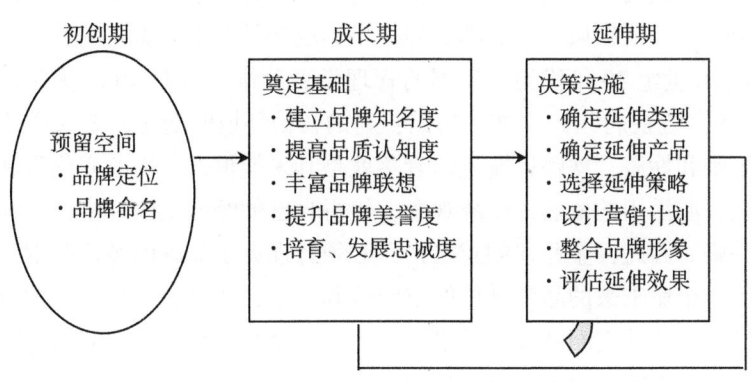

图 2.1　品牌延伸的战略管理体系

## 第一节　快速消费品品牌初创期的空间预留战略

快速消费品企业在经营之初，就应对未来的发展作长远的规划，为品牌延伸预留空间。具体来说，应从以下两方面着手：品牌定位、品牌命名。

### 一、通过明确的品牌定位预留快速消费品品牌延伸空间

品牌定位，是指为自己的品牌在市场上树立一个明确的、有别于竞争对手品牌的、符合消费者需要的形象，其目的是在消费者心目中占领一个有利的位置。在企业给核心产品定位时，就要考虑品牌定位的范围与内涵，使品牌一次涵盖现在与未来，给品牌延伸留下足够的发展空间。一般来讲，核心品牌的定位偏向功能性还是偏向象征性，属性定位还是非属性定位，对延伸效果、成功与否有着直接的影响。一般来讲，偏向非属性定位，有象征意义的如地位的定位更容易取得延伸成功。而偏向属性、功能性定位的产品很难延伸成功。劳力士（Rolex）手表的尊贵地位定位比功能定位的天美时（Timex）手表更容易实现延伸。金利来是个非常成功的服饰品牌，其品牌的定位是产品的使用者及其品牌的象征意义而非功能意义，因此金利来容易延伸到男式产品，但不能延伸到女式产品。

#### （一）品牌定位的范围

品牌定位的范围，通俗地讲，也即企业在创建之初对其经营领域的界定。而品牌经营领域的界定完全是一种企业的经营行为，其可控性极大，因此，科学地界定品牌经营领域对与品牌延伸战略的成功具有十分重要的意义。

早在20世纪70年代初，美国的管理学者利维特（Levitt）就在其著名的《营销中的"近视病"》一文中指出：新的营销环境的变化，要求企业重新界定经营范围和性质，铁路运输业的衰落就是其未能根据环境的变化重新界定其经营性质，所沿用的依然是传统观念，使得自己的经营范围过窄，束缚了企业经营的手脚。因此，企业在创建之初，必须合理界定品牌的经营范围，这个问题解决了，企业未来的品牌延伸的空间就确定了，而且企业品牌经营范围定得越宽，品牌延伸的空间越大，反之亦然。现代企业对品牌和产品的定义已与传统的做法截然不同。过去，一个品牌在推向市场的时候，过多地强调了品牌与特定产品之间的内在联系，经过漫长岁月的企业宣传和推广，加之媒体的恰当使用，品牌形象在消费者心目中很容易幻化成某种产品的象征，这样不但堵塞

了以后品牌延伸和扩展使用的通道,而且有些品牌甚至演变成了普通的商品名称,"尼龙"(Nylon)、"阿司匹林"(Aspirin)等均属于此类。对企业来说,花费大量人力、物力、财力培养的,在市场上已经具有一定知名度的品牌演变为普通商品,损失是无法估量的。反过来,如果企业把品牌经营领域界定得宽泛一些,就可以为以后的品牌延伸做准备,减少品牌延伸过程中的阻力。"比奇"品牌,最早推出的产品是钢笔,但没有与钢笔这种特定的产品紧紧联系在一起,在确定企业使命、企业经营领域时定义为"为大众提供一次性产品",从而为日后推出打火机、刮胡刀等产品做出坚实铺垫。

(二) 品牌定位的内涵

纵观国际国内市场,我们发现,有些品牌在品牌延伸问题上似乎无所不能,像法国的"皮尔·卡丹"(Pierre Cardin)、中国的"娃哈哈";而另外一些品牌在延伸问题上却异常小心,典型的如美国的"百威"(Budweiser)和中国的"青岛"啤酒。这种情况的出现与企业在创建之初品牌定位的内涵有关。

品牌所形成的含义越丰富,品牌延伸可实现的空间越大。科普菲尔(Kapferer)曾指出过这一点,我们可用图2.2来表示。

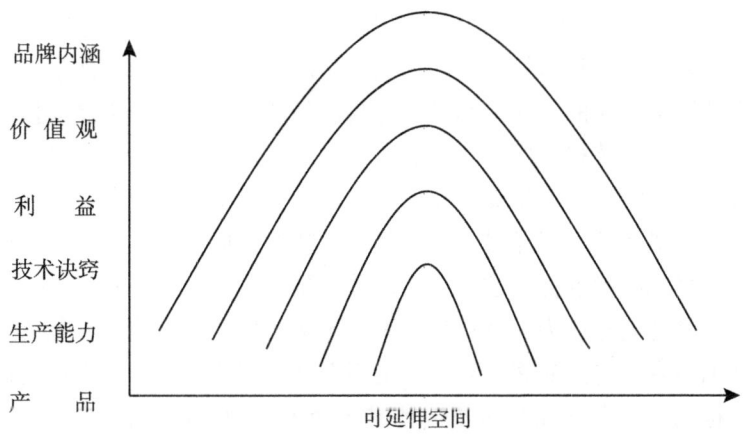

图2.2 品牌定位的内涵对延伸的影响

需要指出的是品牌定位的范围和内涵并不是一成不变的,它可以随着品牌延伸的推进及不断的传播努力而有所拓展。如娃哈哈、海尔等公司不断的品牌延伸,使品牌的内涵日益丰富,延伸的领域不断扩大。我们深信,这些品牌将走得更远,它们会形成如下发展过程:品牌延伸成功→品牌含义丰富→品牌延伸再成功→品牌含义再丰富→……

## 二、通过巧妙的品牌命名界定快速消费品品牌延伸范围

品牌名称广义来讲包括产品视觉识别、商标等。品牌名称是决定商品可延伸性的首要因素。品牌名称有两个基本特性，即显著性和描述性。所谓显著性即指品牌名称独特、与众不同、别具一格。显著性显然是品牌的首要要求，如果一个品牌名称不能与产品名称区别、与别的品牌名称区别，那么其连注册的可能性都没有，更不用提去成为名牌了。但凡知名品牌的名称都是与众不同的，如娃哈哈、海尔、海信、澳柯玛、长虹、太阳神、健力宝、乐百氏等，不一而足。描述性则指品牌名称能提示产品信息，能直接或间接地提示产品的性能、特点和用途等。例如黑妹牙膏、雀巢咖啡、茅台酒、青岛啤酒、长虹彩电等。一般而言，显著性强的品牌名称易于注册，而描述性强的品牌名称则易于推广，易于在消费者心目中树立品牌=产品的形象。不过，从品牌延伸的角度来讲，显著性强的品牌易于延伸，描述性强的品牌名称难于进行品牌延伸。因此，从品牌延伸的角度出发，应尽量不使用产品性能描述性名称（产品名称）。我国的不少生产厂家喜欢以产品性能来命名品牌，这些厂家希望公众一看到品牌就知道该品牌产品具有什么样的性能，例如，"冷酸灵"牌牙膏、"酒鬼"牌白酒、"复读王"牌语言电脑复读机等。这些厂家忽略了一点，那就是品牌名称只是一种符号，它的功能不是用来描述产品的，而是用来区别于其他厂家的同类产品的。如果品牌名称与产品性能、属性、用途太接近，它就会失去品牌名称的资格，同时也不利于品牌的延伸。需要指出的是，如上面列举的品牌中，娃哈哈、海尔就较易进行品牌延伸，本来它们两个品牌开始时也是具有一定的描述性，但经过品牌延伸和不断的传播努力，已在显著性上盖过了描述性，可见品牌名称的这两个特性并不是一成不变的。

再有，品牌名称应为一种符号，不宜定义使用范围和消费者范围。有些厂家为了使消费者一看到品牌就知道它的消费者类型或产品类型来达到促销的目的。以目标消费者类型或产品用途范围来命名品牌，比如说"太太""厨房宝"等之类的品牌，实际上这等于画地为牢，为企业进行品牌延伸设下了不可逾越的障碍。如"厨房宝"牌清洁剂存在的问题是，一旦"厨房宝"的品牌叫响之后，该厂的业务拓展将受到局限，无法开发"厨房宝"牌家具清洁剂、"厨房宝"牌鞋油等系列产品。而现在市场上小有名气的"蓝月亮"牌清洁剂生产厂家几乎可利用"蓝月亮"这个品牌生产任何该厂想生产的产品，而不需要再花长时间和财力去叫响另一个新的品牌。当然，如果不想品牌名称

影响企业将来的发展,又想让顾客一看就知道是什么用途的产品或哪类人消费的产品,可在品牌之后加上限定性名称,比如"蓝月亮"牌厨房清洁剂、"蓝月亮"牌衣领清洁剂等,这样使顾客既知道了品牌,又知道了是哪类产品或什么人使用的产品,可谓二者兼顾。

在进行品牌命名时,也可以考虑国外著名品牌的常用策略,创造一个本无意义的单词,创造之初它没有任何内涵,之后,企业赋予它什么内涵就具有什么内涵,方式就是通过大量的广告宣传和其他营销手段,逐渐让人们接受品牌的内涵,如中国的海尔、日本的 Sony。因为,此法创造的品牌名称往往比代表产品特征的品牌名称有更广阔的发展空间。与此相配合,企业经营之初规划未来发展方向之后,在进行商标注册时应在商品或服务的较为宽广的范围内至少是规划的范围内注册品牌名称。

以上种种说明,品牌命名有许多学问和奥妙之处。为了有效地制定和实施品牌延伸战略,企业在推出新产品的一开始就要对品牌名称有一个周到的、长远的战略考虑,不要让自己的品牌延伸战略毁在起跑线上。

## 第二节 快速消费品品牌成长期的品质传播战略

在品牌瓜分市场的今天,品牌资产是品牌延伸的前提和基础,只有足够的品牌资产才可保证品牌的延伸。尽管品牌延伸和品牌资产是相互推进的,但品牌延伸的起点应是品牌实力,并非所有的品牌都有资格进行延伸,否则只能会自身难保。当某一品牌并不强大,其对延伸产品所起的辐射作用是十分有限的,甚至是微乎其微的。此时如受到其他竞争对手的冲击,企业很容易陷入被动局面。品牌延伸就像马拉车一样,只有壮马才能拉动大车。所以企业在品牌成长时期,应尽量积累品牌资产,为日后的品牌延伸奠定基础。

品牌资产为品牌提供延伸的可能性,是品牌延伸取得成功的基础。然而,品牌资产的累积不是朝夕之功就能实现的,需要一个持续的长时间过程。对于有品牌延伸愿望的企业而言,首要的任务是以主导产品为载体,从知名度、美誉度、忠诚度、品牌联想等资产要素入手,积极全面有效地提升品牌资产,打造强势品牌,积聚品牌延伸的力量,夯实品牌延伸的基础。在这一要素上,企业应谨防过早过快延伸的陷阱。许多企业在品牌刚有点知名度,品牌强势尚未完全确立之时,就受品牌延伸优势的诱惑,迫不及待实施品牌延伸,以原品牌迅速上市新产品,结果稀薄的品牌资产无法支持延伸产品在高强度市场环境中获得竞争优势,不仅延伸效应无从产生,而且对原主导产品造成威胁。

## 一、通过建立品质认知和知名度奠定快速消费品品牌延伸基础

品牌知名度一方面依赖于产品本身的因素，如产品质量、价值、用途、声誉等；另一方面又依赖于营销传播活动。前者是根本，后者是条件。建立品牌知名度，就有两个相应的任务。对于新品牌，这两个任务都要执行。

### （一）产品体验和营销传播双管齐下建立品牌知名度

产品本身处于品牌资产的核心，消费者对品牌的体验，消费者从他人那儿获得的品牌信息，都取决于产品本身。同时，企业在传播活动中所能向消费者介绍的也只能取决于产品本身。因此，为了建立品牌知名度，企业必须设计和生产出功能、性能、包装、质量等都符合消费者需要，特别是具有良好的质量水平的产品。在各种营销传播活动中，广告是最为重要的活动之一。利用广告来加强消费者的品牌意识，建立品牌知名度，是广告主投资广告的目的之一。广告主利用重复广告迫使品牌名进入消费者的意识，并使之对品牌感到舒适。当然，要使品牌正确地传播信息，则广告信息必须表明产品的优势所在，这个信息必须有特色，要让人看后能留下一定的印象，避免雷同的品牌宣传。同时，好的口号和广告歌也能创造出一种意想不到的沟通效果。

### （二）品质承诺和顾客参与提升品质认知度

消费者对该品牌有一定的认识，并形成了对该品牌的认知，这是品牌差异定位、高价策略和品牌延伸的基础。提高品质认知度的第一步是提高产品品质和服务的能力。

企业要把对品质的坚持放在首要位置上，实施企业质量管理战略系统，实现每个零部件和工序100%合格过硬，动员全体员工付诸实际行动。强势品牌无不是以其过硬的质量称雄国际市场的。海尔集团的成功，关键一点是它一直坚持其产品高品质的形象。张瑞敏到任，首先当众砸掉76台不合格冰箱，唤起了全体员工质量控制意识、高品质意识。品质认知的决定全在于顾客，只有顾客认为你的产品具有高品质，你的产品才真正拥有高品质。而不同类型的顾客对品质的关心点存在差异，其购买相同品牌产品的理由都很有可能不一样，因此要不断地注意、观察和收集消费者及经销商的反馈信息，总结影响顾客偏好的各种因素，做好针对性营销。企业要创造出一种对品质追求的组织文化、行为准则、思想意识、象征符号和价值，使行动根深蒂固，从而保证品质过硬，使人为误差降到最低点，这必然要求企业充分发挥员工积极性。日本人已

经证明团队工作不仅能非常有效地改进品质，也善于发现问题、解决问题，而且更擅长创新和突破。

值得注意的是，仅有客观的、真实的品质是不够的，必须把它转化为消费者认知上的品质。在很多情况下，人们往往借助于产品或服务本身传达出的象征信号来判断品质的高低。因此，产品的设计、产品的包装、产品的价格、服务的环境、服务的水准、广告的水准和数量、品牌的名称和标志等都具有重要的作用和意义。为了使"品质"可见，商家对产品进行有意的创意设计，尤其在包装设计上表现尤为明显。对于难以评估的产品类别（如首饰、酒、药品、化妆品、电子产品），商家可将价格作为其品质暗示，高价格意味着高品质，当然这是建立在产品客观的高品质的基础上的。使用广告工具来传达品质信息是常见的策略，利用广告来传达品质信息，既不能一味地吹捧自己，而应"事出有因"，也不能流水账式，而应以小见大，以难见精。广告应有震撼的创意、精美的制作、巧妙科学的传播、有效系统的反馈。良好的服务给人一种高品质的感觉，信得过的感受，能解除消费者的后顾之忧，极大地唤起消费者的购买意愿。因此，在产品趋于同质化的市场环境中，企业应建立完善的服务系统。

## 二、通过创造积极、丰富的品牌联想奠定快速消费品品牌延伸基础

品牌联想度是在品牌认知的基础上产生的一种消费者行为，是品牌特征在消费者心目中的具体体现。这些联想进行了有意义的组合之后，就构成了品牌印象，而其中最主要的印象组成核心印象。

在某些条件下，较高的品牌认知度所带来的熟悉感就有可能引发消费者购买行为。但在大多数情况下，仅有较高的认知度远远不够，品牌还应具有鲜明独特的、符合消费者心理需求的形象。品牌必须为产品加进一些东西，使其在某些方面与满足某种需要的其他同类产品相区分。为产品赋予联想就是塑造品牌形象，品牌形象是消费者脑海中的品牌联想所造成的品牌感觉。而形成消费者脑海中品牌形象的这些联想必须是强有力的、积极的和独特的。

品牌联想首先必须是强烈的，只有强烈的联想才会引起消费者回忆，才有可能影响他的购买行为。因此，企业应通过创造性的传播活动，通过适当地重复，以及在信息中加入回忆线索作为提示物，来创造强烈的品牌联想和回忆。积极的品牌联想来源于品牌产品所具备的特性、所提供的利益或所带来的结果正好满足其价值，产品实际上或潜在地达到其宣传的水平，企业的产品设计和

营销活动满足了消费者要求。品牌联想还应当是独特的，即品牌联想不被竞争者共享，这些独特的联想往往是与产品有关或无关的特性、功能、经验或形象利益。确立独特的联想主要通过品牌定位来实现，品牌定位通过宣传其"独特销售主张"或可持续竞争优势来突出表达产品独到之处，从而给予消费者强烈的购买理由。所以企业要为自己的品牌明确定位，赋予产品明确的个性和特色。

### 三、通过提升品牌美誉度和忠诚度奠定快速消费品品牌延伸基础

#### （一）提升品牌美誉度

企业在具有一定知名度后，绝对不能忽视品牌美誉度的提升，为保证企业的长期稳定发展，在扩大品牌知名度的同时，应努力提升品牌美誉度。

（1）建立良好的企业信誉。

市场经济是信用经济，良好的信誉是企业的无形资产，而好的品牌要靠良好的信誉支撑。对顾客而言，产品承诺和服务承诺是否有力，是建立良好的企业信誉最基本的条件。正如张瑞敏所说，企业应首先卖信誉，然后卖产品。只有持之以恒地提供优质产品和服务，才能赢得顾客对品牌的信任，才能建立良好的企业信誉，从而提升品牌美誉度。

（2）树立良好的企业形象。

随着不同的企业同类产品的质量差距越来越缩小，不同企业间的服务质量和水平也将日趋接近，产品的竞争将转化为品牌的竞争，品牌的竞争将转化为企业的竞争，而企业的竞争，首当其冲的起先导作用的就是企业形象的竞争。企业形象是社会公众对企业整体的、抽象的、概括的认识和评价，它涉及产品质量、服务等各个方面，而现在越来越强调的是应建立绿色企业形象。如海尔集团正是以强烈的环保意识和产品过硬的环保质量而率先通过国际ISO14000环保标准认证，树立了美好的绿色企业形象，提升了品牌的美誉度，不仅成为国内家电行业的排头兵，在国际市场也享有良好的声誉。新飞倡导的绿色冰箱，也得到了广大消费者的认可，其无污染、省电的产品功能特性，已经牢牢地在消费者心中留下了品牌烙印。

（3）对品牌进行情感化宣传。

对品牌本身所代表的特有精神进行宣传，唤起公众某种情感共鸣，晓之以利，动之以情，使产品与消费者之间建立深厚的、割舍不断的情感联系，对提升品牌美誉度非常必要。诺基亚的"我们一直在努力"，不仅体现了品牌的积

极进取、勇于探索精神，而且显示了以追求产品质量、维护消费者利益宗旨的品牌意识。"海尔，中国造！"以宣扬民族独立、自尊、自强精神为宗旨，唤起中华儿女强烈的情感共鸣，对提升品牌美誉度起到了锦上添花的作用。

（4）进行舆论危机管理。

为了迅速有效地化解消费者与企业之间的矛盾和冲突，企业有必要建立安全舆论系统，制定舆论危机管理方案，疏通各种传媒通道。一旦矛盾发生，沉着应对，争取主动，并借助传媒给以真实报道，本着"消费者就是上帝""一切为了消费者"的宗旨，将问题圆满解决，变埋怨的客户为满意的客户。国内外实践证明，客户由埋怨到满意、由牢骚到赞扬，比一开始事情很顺利，更能创造良好的企业信誉，更能提升企业的美誉度。

（二）培育和发展品牌忠诚度

培育和发展品牌忠诚，是品牌经营者积累品牌资产、发展强势品牌的不可缺少的环节和组成部分，也是其中最困难的一环。

（1）正确对待顾客和员工。

顾客的需要，就是企业的追求；企业的追求，就应包括正确对待每一位顾客。海尔提出了"真诚到永远"的服务理念和"用户永远是对的"的售后服务宗旨，它真正把用户放在首位。没有顾客的满意，就没有顾客的品牌忠诚度。研究表明，员工对顾客有着很大的影响：一方面，顾客会由于对购买价值的满意而反复购买，而顾客的满意又增强了员工的士气和自豪感，受到激励的员工在为企业服务的过程中，知识和经验的积累，又会为顾客提供更加满意的产品和服务，从而形成良性循环；另一方面，顾客有时乐于接受某一特定的员工所提供的产品和服务，甚至某位顾客是针对某位员工而来，这一点在服务业尤为明显。因此，善待自己的员工，保持员工的士气，实际就是善待顾客、保持顾客的忠诚。

（2）实施关系营销。

关系营销，也叫"亲情营销"，它主要任务是培育和发展顾客的忠诚度。关系营销首先要了解消费者，紧随消费者，超越消费者，然后针对不同的顾客群，采用不同的亲情化营销服务，来满足每个顾客的意愿，扩大重复购买率和顾客群阵容。关系营销不是寻求销售而是要与顾客建立长期、互惠互利互动的关系，它是先做朋友，后做生意。即使生意不在，情意还在。

（3）创造转移成本。

忠诚的顾客越多，企业的收入也越多。为顾客创造的具有差异性的附加价值越多，顾客的转移成本也就越高，那么顾客转移率也就越低。在手段上，积点消费（又称积分奖励计划）是培养顾客忠诚、稳定顾客群、创造转移成本的常用促销手段，在国际上已盛行多年，遍及所有的消费领域。所谓积点消费，就是在特定场所消费，可按金额换算成点数，当点数积累到一定数值即可获得奖励。

（4）直效沟通。

直效沟通是创建培育和发展品牌忠诚度的常用手段，它不同于一般的沟通，是建立在一定目的的基础上的社会活动，它具有针对性强、效果明显、易操作等特点。直效沟通成功的一个必要保证条件是建立顾客资料库，当今许多企业都建立了消费者档案库，尤其是贵重耐用消费品、高档消费服务，这为直效沟通提供了可能。

## 第三节 快速消费品品牌延伸期的内涵拓展战略

随着品牌的逐渐成长，品牌资产积累到一定程度，品牌已具备了延伸成功的基础，那么，品牌延伸又该如何具体有效地实施呢？

品牌延伸主要是出于两方面的考虑：一是因品牌需要而延伸，其目的是为了品牌权益而进行的，其运行程序是先有品牌，再寻找合适的产品；二是因产品推向市场需要而延伸，其主要利益点是产品，而不是品牌，其运行程序是先有产品，再借强势品牌之光，使新产品更快更好地进入市场。第二种情况是企业的一种短期行为，它并不是站在战略的角度来看待品牌延伸，因此，我们主要针对第一种情况来加以论述。

### 一、通过品牌黏度设计确定快速消费品品牌延伸类型

#### （一）品牌黏度的内涵

品牌黏度可以从两个方面来界定：一是品牌与产品之间的黏度，二是品牌与市场的黏度。品牌的产品黏度是指某个品牌与某种（或某类）产品之间的联想强度、独占性和排他性的力度。换言之，它是指当消费者听到、看到某种提示、某个品牌的信号时，联想到某种（或某类）产品的强烈程度，以及是否只想到这种（或这类）产品，联想越强，则意味着该品牌的产品黏度越高。品牌的市场黏度是指品牌能引起其目标市场消费者（顾客）群体共鸣的强度，以及这种共鸣的可替代性和排他性的力度，换言之，当市场的消费者看到、听

到任何提示某个品牌的线索和信息时，做出判断"这就是我的品牌""我喜欢，我想要"或"这不是我的品牌""我讨厌，我不想要"的肯定程度和速度。如果消费者在选购产品或感受、体验品牌时，越是能产生直觉的共鸣，并迅速而肯定地做出判断"这是我的品牌""我喜欢这个品牌"，则说明该品牌与这一目标市场（群体）的黏度越高，反之，其市场黏度就越低。

当然，我们也可以从另外一个角度来探讨品牌的产品黏度和市场黏度。品牌的产品黏度的另一个反映指标是由产品到品牌的联想程度。通常情况下，一种产品会有多个品牌，消费者在想到产品时首先想到某个品牌的可能性大小，以及速度的快慢是品牌产品黏度的又一指标。品牌的市场黏度也可以从品牌与市场的关系来探讨。当多个品牌争夺相同的目标市场时，这些品牌在目标市场群体心目中的地位不尽一致，因而其市场黏度也不等。假如目标市场在购买产品时首先想到了品牌 A，当品牌 A 没有时，就选择品牌 B……则我们说品牌 A 的市场黏度最强，品牌 B 的市场黏度次之……

（二）品牌黏度的组合及其可延伸性分析

为了简便起见，仅把黏度分为高与低两种情况，这样就产生了如图 2.3 所示的品牌产品黏度和市场黏度的四种组合模式。

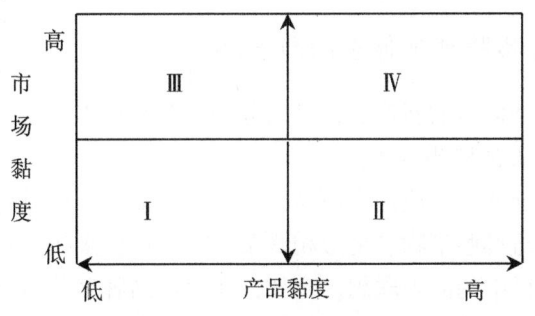

图 2.3　品牌黏度的四象限图

象限 I 的品牌无论是在产品上，还是在市场上均未建立起强有力的黏度。从理论上讲，该品牌的发展空间很大，既可以进行品牌的跨类或相关延伸，也可以到更广阔的市场上去建立特定的联想。但事实上该品牌并无延伸的价值，因为处于这一象限的品牌没有特色，它并不是一个成功的品牌。

象限 II 中的品牌产品黏度高，市场黏度低。这种品牌往往在推出原型产品时取得相当的成功，营销战略大多采用的是无差异战略，各个层面的市场都认同这一品牌。这类品牌可以进行垂直延伸,如柯达。同时,该类品牌也可以作适当的产品延伸,但延伸产品与原型产品要有很强的与产品有关的相似性,如牙膏品牌可延伸到牙刷产品。

象限Ⅲ中的品牌由于市场黏度高,代表了特定的市场需要和消费者的形象和个性,因而它的市场延伸可能性就很小,原则上不应该做品牌的垂直延伸。但相同市场定位的跨类产品延伸,反倒可以考虑,因为品牌的产品黏度相对较低。

象限Ⅳ中的品牌,在垂直延伸时会发生困难。既不适合向上延伸,也难以向下延伸,但可以横向做同种产品的水平延伸(夏士莲在同一市场档次上的水平延伸,皂角系列、黑芝麻系列)。这类品牌产品的延伸余地十分有限,可口可乐即属于此类,几乎无法延伸,只是推出了变形的"健怡可乐"(Diet Cola)和"不含咖啡因可乐"(Caffeine Free Cola)等。

需要指出的是,要确定品牌延伸的类型,我们还要综合考虑品牌延伸的内在动因,这在前文已经论述过了。

## 二、通过产品和品牌分析确定快速消费品品牌延伸新产品

要确定企业通过品牌延伸而推出的新产品,首先必须得分析品牌可延伸至的新产品,然后再对候选新产品进行可行性分析。

### (一) 分析品牌可延伸至的新产品

分析品牌可延伸至的新产品,可以分为两个步骤来完成。

(1) 了解品牌的联想内容。

在进行品牌延伸时,应确定原品牌的形象特征,如原品牌具有什么样的象征,消费者将它与哪些事物、情形相联系。企业可以采用联想法等多种调查技术了解消费者心目中的品牌联想。比如,在给出品牌名称后,可要求消费者在一个比较短的时间里,将与该品牌有关的情形、事物一一记录下来;或者通过与其他品牌的比较,要求消费者指出本品牌的独特之处。

(2) 确定与该联想有关的候选产品。

通过上面的调查,企业就可以清楚地了解该品牌具有什么样的品牌联想,然后据此决定可将该品牌延伸到哪些产品领域。如举办消费者座谈会(focus group),让他们根据联想的内容,列出可以延伸的产品领域或产品。通过对消费者的调研,麦当劳才得以用"孩子"这个联想推出了玩具、儿童服装以及游戏机等深受孩子们喜爱的系列产品。

## （二）分析候选新产品的可行性

候选产品究竟能不能延伸？哪些可以实际用于延伸？这就需要进行可行性研究，具体来说又可分为以下几个方面。

(1) 分析新产品的品牌杠杆力。

品牌杠杆力是指新产品能够凭借品牌获得竞争优势，也就是说品牌能够为新产品带来明显的区隔意义。确定某品牌延伸到某行业及产品领域不但要识别适合品牌延伸的相关产品，而且要确定该产品的品牌杠杆力如何，即它是否被认为是超越它的竞争对手，即延伸是否创造了一种市场欲望。例如麦当劳这个快餐品牌，如果要进入摄影领域，并非特别不现实。譬如，把主题放置于麦当劳超越汉堡包本身的对家庭关系的洞察力上，其表现就是在环境中设置主题活动区域。

(2) 分析候选的行业及新产品的市场状况。

企业的经营活动与周边市场环境息息相关。市场状况很大程度上影响企业每一项决策的实现以及实现的难易。所以，企业应分析候选的行业及新产品的市场状况（市场竞争程度和发展前景），全面、细致的了解各市场状况，以便趋利避害，捕捉有利战机。总的来说，品牌宜延伸至以下几种情况的市场：发展中的市场或不太成熟的市场，因为市场在发展中或处于不太成熟状态，竞争相对较缓，企业面临的机会较多，面临的阻力与挑战较小，如前几年的家电市场；各种品牌纷杂的市场，在这类市场上，品牌众多，但没有一两个霸主地位的品牌，如国内的绝大多数药品市场；没有形成强烈品牌偏好的市场，此类市场或有或无霸主品牌，但消费者对于品牌的选择没有明显的偏好，每一个品牌的忠诚顾客都较少，如我国的服饰市场。

(3) 分析企业现有的自身状况。

企业应评估自身的研究开发与生产能力，决定企业能否提供所需质量和性能的产品，并考虑企业是否有财力支持为品牌延伸提供资金；延伸产品是否可以利用原有服务体系与销售渠道，集中资源配置，形成规模经济效应；企业是否具有延伸产品领域的专业人才储备等。当然，企业可通过品牌输出来达到品牌延伸的效果。

综合考虑以上各种因素，我们就可由此确定企业要推出的延伸产品。值得注意的是，推出的新产品不要束缚了企业以后的品牌延伸行为。

## 三、通过产品特性解析选择快速消费品品牌延伸策略

一般来说，对于连续性延伸和非连续延伸都宜采用单一品牌延伸策略，因为连续延伸通过采用单一品牌延伸略可以形成专门化品牌（如索尼是视听设备品牌），非连续性延伸通过采用单一品牌延伸策略可以产生通用性品牌（如GE已实现由第二产业向第三产业的有效扩展）。当然，当延伸产品是和原品牌截然不同的产品类型或产业，且企业不具备生产延伸产品的设备和能力或企业自身生产产品的机会成本大于准许别人使用你的品牌或商标时，企业可采用授权延伸策略。

升级换代式延伸和垂直延伸宜采用亲族品牌延伸策略。对于升级换代式延伸来说，若新产品仍原原本本地沿用原品牌，则消费者对新产品的认识仍停留在对旧产品的认识上，以致他们认为新产品的质量、性能等并没有得到提高。因此，企业应决定继续使用原品牌，但要对原品牌名稍做改变，或在原品牌名后加一后缀以示区别，并给消费者留下一个不断创新的品牌形象。若品牌首先定位于高中档，当其由于某种需要而向下延伸时，它很有可能会影响品牌形象，使品牌权益受损，因此，正确的策略是，以原品牌为基础，将它稍做变化或将它与别的文字结合起来，组成一个或多个与原品牌既有区别又有联系的品牌。这样，原品牌的优势可有效地转移到新品牌上，同时延伸产品也不会对原品牌造成过多的负面影响。若品牌首先定位于中低档，当其考虑向上延伸时，消费者可能不相信该品牌产品的质量能上移，或者说已有品牌形象无法与高端市场联系在一起，因此要在原品牌名称前加一个前缀，或将原品牌稍做变化，以区别于原品牌。当然同一类产品不同档次的延伸还可采取子品牌策略。这样可以保持其高档产品的份额，同时又可以打入中、低档市场而且不对高档品牌造成影响。如号称"钟表之王"的瑞士钟表便采取了这样的子品牌策略，其一级表品牌用"劳力士""欧米茄"，二级表品牌用"浪琴"，三级表品牌用"梅花"，四级表品牌用"英纳格"。而与此相反，早年美国的"派克"钢笔以物优价贵闻名于世，被视为身价的象征，但1982年新任总经理詹姆斯·彼特森上任后，欲进入低档笔市场，但却采用了单一品牌策略，仍用"派克"品牌，每支售价仅为3美元。结果派克公司不仅没有打入低档笔市场，反而使高档笔市场的占有率下降到20%，销售额只及其对手克罗斯公司的50%左右。

而对于水平延伸则可有三种选择：单一品牌延伸策略、主副品牌延伸策略和母子品牌延伸策略，到底选择哪种策略应视具体情况而定。当企业规模不大，产品相关性强，种类少时，宜采用单一品牌延伸策略；当企业规模大，产

品种类多,且性能各异,款式不同时,采用主副品牌延伸策略比较恰当;当推出个性化、细分程度高的产品时,且企业自身能力强,品牌经营能力强时,则母子品牌延伸策略是较好的选择。值得注意的是,企业应采取母子品牌延伸策略还是主副品牌延伸策略,并不是绝对的,还得与行业状况综合起来考虑,具体如何选择可以参照如下考量:

(1) 产品的使用周期较短或客观需要更换品牌时,采用母子品牌延伸策略比主副品牌延伸策略更佳。产品的使用周期较短,更换比较频繁,容易使消费者滋生"品牌转换"心理,而子品牌认知率较高,副品牌认知率较低,因此最好采用子品牌策略。这在洗发护发用品、个人清洁用品、护肤用品等行业中的运用尤为突出。而一些行业,则在客观上需要使用不同品牌的产品。

(2) 若由于技术不断进步等原因,产品不断更新换代,更新期较短,则最好使用主副品牌延伸策略。它既可以区别于以往产品,又可给予消费者以企业不断发展的形象。这种情况在移动电话和计算机等行业中比较典型,而这时用子品牌策略则显得成本太高。

(3) 如果企业品牌或其主导产品品牌已经定位,品牌使用范围又基本被界定,还想进行品牌延伸或扩张时,最好采用母子品牌延伸策略。这是施乐公司历经25年,投入20亿美元,仍难以打入计算机市场的原因。而且,这种情况下,使用副品牌策略的风险也比较大,因为副品牌的认知率低而主品牌的认知率高,这样极可能会牵连主品牌的主导产品。

(4) 如果企业生产产品跨度太大,与已成功品牌产品相关性不大,最好使用母子品牌延伸策略。如杭州华立集团在机械电子类使用"华立"品牌,而在食品类则用"太一"品牌,这时副品牌策略的效果也很有限。

(5) 若企业从事同一类产品,而且该市场竞争激烈,产品使用周期长时,不宜用子品牌策略而最好用主副品牌延伸策略。如家电行业便适宜用副品牌策略,我国洗衣机、冰箱、空调等行业企业多采取副品牌策略。

### 四、通过营销策略组合设计选择快速消费品延伸品牌营销计划

延伸产品可以说是"借壳"上市,但是毕竟与现有品牌产品不同,因此有必要针对延伸产品设计出独特的营销计划,建立延伸产品独特的与产品相关或不相关的联想。例如,娃哈哈公司的三大产品系列——娃哈哈 AD 钙奶、娃哈哈纯净水、娃哈哈非常系列都有各自不同的广告策略、定价策略和渠道策略。即使是非常系列中,对非常柠檬、非常茶饮料、非常可乐,这三大产品,分别

制作了不同的广告片,在不同的时间段播出,广告代言人的表达很不一样,各产品的定位和诉求点也差异显著。非常可乐定位于"开心时刻——有喜事当然非常可乐";非常柠檬则"一见好心情";非常茶饮料则是"天堂水——龙井茶"。在价格策略上,非常可乐略低于可口可乐和百事可乐;非常柠檬则与雪碧、七喜基本持平;茶饮料与国内品牌产品价格一样。

总之,要对延伸产品设计出独特的营销组合,既要转移品牌的正面联想,又要让延伸产品建立独特的产品定位和联想;既要让延伸产品与已有产品明显地区分开来,又要让延伸产品与原品牌显得和谐相容。下面,我们仅对延伸产品的广告宣传重点以及创建和使用原有分销渠道做进一步的阐述,而具体的营销计划的设计可以参见相关的营销学著作,在此不加以论述。

### (一) 广告宣传重点

广告宣传重点主要是针对主副品牌延伸策略和母子品牌延伸策略而言的。主副品牌延伸策略,从本质上讲,它需要利用消费者对现有成功主品牌的信赖和忠诚度,推动副品牌产品的销售。因此,实施主副品牌延伸策略,在广告宣传中必须以主品牌为重点,副品牌则处于从属地位。如"海尔-小小神童"洗衣机,副品牌"小小神童"传神地表达了该洗衣机"电脑控制、全自动、智慧型"的特点和优势,但消费者对"海尔-小小神童"衣机的认可、购买,则主要是基于对海尔的信赖,如果在广告宣传上以"小小神童"为主进行宣传,要打动消费者的心是比较困难的。

母子品牌延伸策略采用的是一种"企业品牌+产品品牌"的形式,如丰田与"皇冠""佳美",通用与"凯迪拉克""别克""雪佛莱"。母子品牌延伸策略中宣传的重点是产品品牌即子品牌,而企业品牌即母品牌则放在宣传的次要地位。如在"通用-别克"的广告上,绝大多数信息宣传的是"别克",只会在电视广告结束前的标版上打出"别克,来自上海通用"的字幕,在平面广告上,也一般仅仅在右下角注名"通用制造"的很小的字眼。它们往往突出的是具体的产品品牌,而不是企业品牌,优秀的企业品牌只是对具体产品品牌做出信誉、技术、服务或实力上的保证与承诺。宝洁与"飘柔""海飞丝""舒肤佳"之间也是如此,一般只会在广告末尾点上一句"宝洁公司荣誉出品"。这样,一旦某一子品牌产品在经营中出现质量、服务或其他问题影响该品牌经营时,不至于对企业其他子品牌造成很大的损害,对企业品牌的损害也可以降到最低,从而保证企业免受更大的损失。同样,一旦企业的企业品牌出现危机,子品牌受到的损害也可有效降低。

## (二) 创建或使用原有的分销渠道

在品牌延伸的过程中，渠道的作用不可低估，渠道是否完善和成熟直接影响到产品能否迅速导入市场。

新产品导入市场的最直接、最有效的方式往往是利用原有的渠道资源。但是，有时仅仅依托原有渠道并不能完全打开市场，其原因在于：一方面，虽然原有渠道在长期的发展中已经具备一定规模，具有相对完善的营销网络，可以直接带动新产品的销售，但是由于新产品在技术、服务上有诸多特殊要求，而原有渠道已经承受了原来的产品线，不能分出更多的人力、物力来对新产品进行推广；另一方面，尽管原有渠道拥有广泛的用户资源，但是如果原有渠道销售的产品与新产品分属不同领域，那么面对的用户也不完全相同，难以满足新产品的推广策略。因此，在特定的情况下，在使用原有渠道的同时，创建新产品的专业渠道势在必行。

在建设和完善专业渠道时，企业应从以下几方面着手：一是要充分借鉴和继承原有渠道的有效经验，不断优化专业渠道结构；二是要重视与渠道伙伴的合作，在保证满足用户需求的同时，为渠道伙伴保留一定的盈利空间；三是要建立专业化的渠道营销队伍，这要求企业应加强对渠道伙伴进行多方面的培训和支持，以使用户得到更加专业化的服务。浪潮飞扬笔记本电脑事业部不仅为渠道伙伴提供长期的全面支持政策，而且对代理商进行了从产品认知、销售技能到增值服务等方面的专业化培训和支持，从而进一步树立了浪潮的良好品牌形象，也带动了渠道伙伴的顺利发展。其次，服务作为渠道通畅的润滑剂，不仅是渠道建设中的重头戏，也是企业树立品牌形象的必要手段。随着产品的日益丰富、应用越来越广泛，用户对产品服务的要求也越来越多。因此，企业应从用户的需求出发，将服务建立在专业化的管理模式之上，以标准化的规范、专业化的质量和多元化的内容为支点，实现从传统观念的低层次、低增值的维修型服务向高层次、高增值的应用型服务转变，从而扩大渠道管理的内涵，实现企业品牌的增值。

## (三) 整合品牌形象

随着品牌的不断延伸，初始品牌会拥有越来越多的异质产品，但消费者愿意接受的只是一个明确的品牌形象。因此，在具体实施品牌延伸的过程中，如何对品牌形象进行整合对于延伸后的品牌来说就显得尤为重要。品牌形象的整合包括两个层次，首先是将品牌中各产品的关联点进行联结、融合，确立品牌的形象个性；其次就是将品牌定位后的信息准确地传递给消费者。因此，相应地整合品牌形象就要求企业做好以下三方面的努力：

（1）一体化的诉求。

品牌延伸后会拥有众多产品，这些产品可能有各自许多优良的品质，但作为一个品牌，它诉求的只应该是简单明确的共同特质。单一重复的诉求，才可以在消费者心目留下深刻的品牌个性形象。

（2）一体化的文化支持。

延伸品牌如果能够取得一体化的文化支持，就会拥有巨大的力量。因为目标消费者只要认同某种文化价值，相信品牌代表了这种文化某些核心价值，他们就很容易接受并信赖这种品牌。同时，品牌在一个宽泛的文化背景支持下，也更容易向关联度不大的产品领域延伸。

（3）一体化的营销支持。

一体化的营销支持可以分为4P来描述：在产品上，品牌形象整合关注的是产品外包装的名称、包装、标志和色彩等，作为品牌文化的表层要素，它们必须能够与品牌文化的内层要素（品牌的利益认知、情感属性、文化传统和个性形象）相和谐适应；在价格上，作为同一品牌下的产品，应该档次相同（垂直延伸除外），因为价格也通常是消费者区别同类产品的主要标志，如果同一品牌下的产品档次区别很大，就会混淆消费者心目中的品牌形象；在分销上，同一品牌下的产品通常也可以利用一样的分销渠道（当然不排除在某些情况下必须创建新的分销渠道），这不仅因为品牌延伸经常向关联度近的产品发展，而且是因为大多数品牌延伸，它的目标顾客大体上是一致的，这样才能在目标消费者的心目中不断牢固品牌形象；在促销上，促销和公关应该整合运作，传递真正的连续一致的信息，这样品牌的形象才会在消费者的脑海中传递出积累相乘的效果。

当然，品牌延伸后的形象整合还涉及很多方面，如广告、服务等。但整合的原则就是剔除品牌形象中不协调的因素，使品牌形象在消费者心目中集中定位，从而最大化地发挥品牌资产价值，带动品牌保护伞下的系列产品不断发展。

## 五、通过营销管理过程评估快速消费品延伸品牌延伸效果

在品牌延伸具体实施时，企业首先组织产品的生产，确保提供优质可靠的产品，并强化营销组合的配合力度，如在延伸产品上市前、上市中、上市后广告宣传力度，恰当的销售网点选择与分布，对延伸产品科学合理的定价策略，

灵活有效的促销手段的运用。但在品牌延伸战略实施的过程中还是会出现许多意外情况，所以，必须连续不断地控制各项品牌延伸活动，而品牌延伸效果是评估品牌延伸成功与否的重要依据。

品牌延伸效果，就是品牌延伸对延伸商品销售量及其宣传费用、延伸市场消费者心理和行为、延伸品牌本身的作用和影响的总和。具体来说，品牌延伸效果由品牌延伸对延伸商品市场消费者心理、行为的作用和影响，即延伸的心理效果；品牌延伸对延伸商品销售量，以及对销量有影响的宣传费用大小，及其费用多少的作用和影响，即品牌延伸的经济效果；品牌延伸所产生的消费者对品牌态度、品牌原产品销售量的作用和影响，即品牌本身效果三个方面的效果构成。三者的区别统一就构成了效果结构。

（一）衡量品牌延伸效果

衡量品牌延伸效果，主要是对以上三种效果指标进行量化，具体项目可参见表2.1。

表2.1 品牌延伸效果具体项目表

| 效果结构 | 效果项目 | 详解 |
| --- | --- | --- |
| 心理效果 | 品牌延伸产品的知名度 | 知道品牌延伸产品及其名称的人数占延伸类产品有需求或潜在需求人数的百分比 |
| | 品牌延伸提名率 | 由延伸品牌提及产品的人数或由延伸产品提及品牌的人数占测试总人数的百分比 |
| | 品牌延伸产品美誉度 | 因品牌延伸而对延伸产品产生肯定和积极评价的人数占调查总知名人数的百分比 |
| | 品牌延伸产品理解率 | 因延伸品牌而对延伸产品产生知名并对产品质量、服务有一定认识的人数占调查知名总人数的百分比 |
| | 延伸产品购买意图率 | 因受品牌影响而产生购买延伸产品意图的人数占调查总的品牌延伸知名人数的百分比 |
| | 延伸产品购买决策率 | 因品牌延伸影响而决定购买延伸产品的人数占调查品牌延伸及其产品知名总人数的百分比 |

续表

| 效果结构 | 效果项目 | 详　解 |
| --- | --- | --- |
| 经济效果 | 品牌延伸销售贡献率 | 由品牌延伸而导致的延伸产品销售量占延伸产品销售总量的百分比 |
| | 品牌延伸销售效果系数 | 完全只受品牌延伸影响而购买延伸产品的人数占调查总人数的百分比 |
| | 延伸产品销售费用率 | 延伸期内延伸宣传费用总额占延伸期延伸产品销售总额的百分比 |
| 品牌效果 | 延伸品牌知晓度增长率 | 延伸前后品牌知晓度的变化 |
| | 延伸品牌美誉度增长率 | 延伸前后品牌美誉度的增长变化 |
| | 品牌原产品销量增长率 | 延伸前后品牌原产品的销量变化 |
| | 品牌原产品市场占有增长率 | 延伸前后品牌原产品的市场占有率变化 |

### (二) 分析品牌延伸效果

通过调查研究，我们可以获得一些具体的延伸效果数据指标，那么，这些数据指标究竟要达到何种水平，方可进一步推动品牌科学延伸呢？在这里，我们主要讲述三种判断方法。

(1) 品牌延伸效果目标判断法。

预先科学设置品牌延伸的效果目标，将实际测得的延伸效果数据与效果目标进行分析比较，从而对此做出判断。采用该法的前提是科学设置了延伸效果目标，这里的"科学"主要体现在延伸效果目标设置与品牌经营战略目标相适应，与延伸产品市场的竞争及发展态势相适应，与品牌本身的影响力和扩张力相适应。

(2) 延伸效果的纵向比较判断法。

将品牌的延伸效果与该品牌以前的延伸效果或该品牌延伸前后品牌的效果变化进行对比研究，从而反映出品牌延伸效果的相对状态。使用此法时，应结合公司产品延伸的市场背景特点、产品特点，才能对此做出科学地判断。同时，这一方法仅适合于有延伸历史背景的品牌延伸效果评估。

(3) 延伸效果的横向比较判断法。

通过同一市场上，不同品牌的相同或相近产品的品牌延伸效果，或非延伸品牌的品牌效果与欲评估的品牌延伸效果之间的比较研究,以反映欲评估品牌延伸效果状态和水平。

(三) 采取修正行动

通过分析判断,我们可以决定是否要采取修正行动。具体如何修正,我们可以参照本书第三章所述的成功品牌延伸三环图。由于三环图在很大程度上涵盖了品牌延伸过程中所有可能出现的问题,我们可以把企业所进行的品牌延伸放置在品牌延伸三环图中由三个环相互交叉构成的七个区域中,从而判断出是哪一环或哪两环出现了问题,进而对症下药,使强势品牌、相似性、新产品本身的成功、这"三部曲"同时演奏。

综上所述,我们对品牌延伸战略有了一个深入的了解,但对于每个企业来说,其自身的环境又各不相同。所以,对企业来说,一定要正视自己,不可盲目使用品牌延伸战略;在运用品牌延伸战略时,也要时刻注意外部环境的变化,注意各种陷阱,才能在市场竞争中乘风破浪,勇往直前。

# 第二部分 总　　结

## 一、研究结论

在品牌延伸外在动因和内在动因共同驱使下，目前，大多数快速消费品企业走上了品牌延伸之路。然而在部分企业因之获得重大成功的同时，失败的案例也比比皆是。怎样规避失败，如何探求成功，本书所提出的品牌延伸成功的基础、条件和保障也许会对企业界有一定启示和帮助。当然，更重要的是，快速消费品企业应该站在战略的角度来看待品牌延伸，应该对品牌延伸进行战略管理。

传统的品牌生命周期理论将品牌生命周期大致可分为四个阶段——初创期、成长期、成熟期和衰退期。其实品牌发展过程并不完全遵循成熟后必衰退的过程，产品可能会过时，但品牌不一定会随产品而进入衰退期，企业可以将品牌延伸至其他产品，从而实现品牌资产的延续和转移。可以说，品牌一旦建立，只要经营管理得当，是不会进入衰退期的，则品牌生命周期就只包括三个阶段——初创期、成长期和延伸期。目前，大多数企业是在品牌已经建立的基础上考虑品牌延伸的问题，但是品牌延伸作为品牌发展总体战略的一个重要方面，应该在整个品牌生命周期中都给予充分的考虑和关注。在品牌创建之初，就应对品牌延伸给予考虑，并做出相应的规划，否则在品牌已建立的情况下在考虑品牌延伸原品牌的名称和定位可能会限制品牌延伸的范围，品牌延伸会陷入被动的局面。在品牌成长期，就要积累品牌资产，防止品牌过早地延伸。当品牌积累到一定程度，品牌就具有了延伸的基础。进入品牌延伸期，当然要求企业进行理性的品牌延伸，从而使品牌资产增值。

## 二、研究的局限性和进一步研究方向

由于篇幅和精力的限制，本部分只是提出了一个建立在品牌生命周期基础上的快速消费品品牌延伸战略管理的思路，其中不免有些缺陷和不足，如在品牌延伸期，当选择延伸新产品时，应该考虑品牌延伸的连续性引入问题，而本部分只是一笔带过；同时，随着品牌的不断延伸，品牌所涵盖的产品越来越多，那么必须对品牌所涵盖的产品进行取舍和整合，而本部分也未涉及。在以后的研究中，将对此进行探讨。

# 第三部分
# 快速消费品渠道战略

　　在产品、促销、广告都趋于同质化的今天，渠道战略研究与规划已成为快速消费品企业生存与发展的重中之重，终端比拼的烽火则在渠道竞争的前沿也呈愈演愈烈之势。创新实用的分销渠道、灵活优化的市场终端、创建极具消费者忠诚度的渠道品牌等，是控制市场取向和企业生命线的重要资本。如何进行渠道创新？如何提高渠道的整合效率？如何进行有序的利益分配？如何提升营销人员的执行力？如何加强终端控制？如何通过有效变革实现终端策略创新与改造等，都是中国快速消费品企业亟待解决的问题。

　　在本部分，笔者在总结比较中国营销界对中国快速消费品渠道建设基本观点的基础上，站在战略的高度对快速消费品不同阶段的特点、可能出现的问题及综合营销策略进行了规范。笔者认为快速消费品企业首先应定位于打造长期持续优势品牌，着眼的是企业长远利益的实现和品牌形象的打造。打破了营销界仅从短期角度看待快速消费品渠道建设的观点。笔者在本书一开始就将快速消费品的渠道建设看作一个动态性的管理过程，对渠道各阶段可能出现的问题进行了动态性研究和解决。在渠道政策研究上，笔者主要从微观市场角度对企业渠道的价格政策、推广政策和品牌政策进行了详细的介绍并对各政策的执行与操作进行了初步规范，有利于帮助中国快速消费品企业从渠道建设的多维系统上战略性地把握全局，从长远发展和持续经营的角度来经营企业。

# 第三章 中国快速消费品战略性渠道建设的基本内容

## 第一节 战略性渠道建设的概述

### 一、渠道建设的内容剖析

营销渠道①又称销售渠道、分销渠道,或简称渠道、通道、道路、通路等。它的产生是自然经济、产品经济、计划经济被市场经济替代的必然产物。在市场经济条件下,大多数生产商要和中间机构打交道,以便将其产品提供给市场。营销的中间机构便组成了营销渠道。

肯迪夫(Edward W. Cundiff)和斯蒂尔(Richard R. Still)认为:"分销渠道是指为产品从生产者向最后消费者或产业用户移动时,直接或间接转移所有权所经过的途径。"此定义将营销渠道作为包括中间机构和中间转移地点以及渠道的起点生产商的流通过程。

菲利普·科特勒(Philip Kotler)指出:"一条分销渠道是指某种货物或劳务从生产者向消费者移动时取得这种货物或劳务的所有权或帮助其所有权的所有企业或个人。"这个定义认为营销渠道主要包括商人中间商、代理中间商、生产者或消费者但不包括供应商和辅助商等。

美国市场营销协会(AMA)(1960)定义营销渠道为企业内部和外部代理商和经销商(批发和零售)的组织结构。通过这些组织,商品(产品或劳务)才得以上市行销。这个定义只着重反映营销渠道的组织结构,而没有反映商品从生产者向最后消费者或用户的流通过程。

现代营销学中应用得最普遍的营销渠道的定义当数斯特恩(Louis

---

① 科特勒将营销渠道与分销渠道加以明确区分,本书中,笔者将营销渠道与分销渠道表示为同一概念。

W. Sterm）和艾尔·安塞利（Adel I. EI-Ansary）的定义：营销渠道是促使产品或服务顺利地被使用或消费的一整套相互依存的组织。该定义比较抽象但较为完整地包含了营销渠道建设的大部分内容。

营销环境是在动态行进过程中不断变化的，营销渠道的含义也会随着环境的变化而不断被注入新的内涵。现代营销渠道已不再单单是一系列相互依存的产品分销的组织，而是一个包含了渠道网络成员、渠道体制、渠道管理、渠道策略、渠道环境等多方面不同组合的系统多维综合体（见图3.1）。因此营销渠道的选择再也不能简单地理解为传统的对一级渠道、二级渠道或更多级渠道的筛选。而应该按照不同产品的特点、产品所处的不同时期，对零售终端、中间商产品的消费者等渠道网络成员的需求进行分析；对代理商的信用能力、网络状况、物流状况进行翔实的了解以便确定是否合作以及如何合作。对渠道功能的了解也不能仅局限于对其促销、信息、谈判、订货、融资、风险承担、储运、付款及所有权转移等传统功能的实现而应该把营销渠道建设看作企业整个营销战略规划中极为重要的一个环节来进行思考。渠道建设是企业所面临的最复杂和最富有挑战性的一项工作，它涉及的因素多，对其他营销策略的影响最大。营销渠道及其运作编织了一张高效的关系网。它有一种强大的惯性，既规范了渠道网络成员的责任和权利，又对营销渠道的管理与策略等提出了要求。营销渠道建设是一个动态系统的过程，它既着眼于当前的营销环境，也要考虑营销环境的变化。建立营销渠道的目标是将企业期望产出水平的渠道费用最小化并实现高效循环，它必须具有经济性、可控性和适应性。

营销渠道是产品从制造商到消费者之间流动的载体，它的建设是一项系统工程，涉及企业的方方面面，故不能一概而论。各企业必须根据自身实际、产品特性与市场特性、竞争态势等对渠道网络成员、渠道体制进行选择，并建立有效的营销渠道管理体系。生产者必须确定渠道成员的条件和责任并有区别性地给予他们盈利的机会。制造商必须全面熟悉渠道，真正理解渠道，善于掌握渠道的运作规律并不断进行创新和差异化分解，才能真正提高渠道效率，通过渠道建设实现企业经济效率的提升。

## 二、战略性对渠道建设提出的新要求

目前，更多的企业不是从企业经营战略的角度来看待渠道建设这一重大课题，而是仅仅从分销商品、节约推广费用、实现企业利润等短期效益和战术层面上来处理。以致忽视了渠道建设与产品价格、推广和品牌政策的战略协同效应。这种战略忽视导致企业营销渠道建设与其他营销策略相互脱节甚

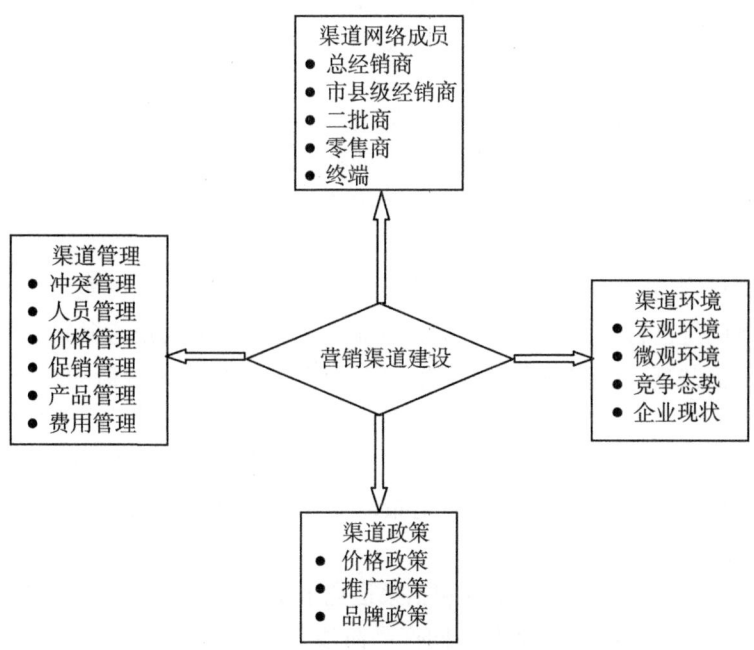

图 3.1 快速消费品营销渠道建设系统

至对立起来,既浪费了企业营销资源又无法取得整体全局性、长期性的营销效果。

企业的营销渠道战略是为实现企业的渠道运营目标,进而实现总体营销目标,实现自身生存和发展而选择和制定的渠道建设的行为组织和方案。它通常包括渠道建设中具有全局性、长远性、根本性的问题,是企业根据其渠道现状和未来渠道建设中可能出现的机会和局限因素,考虑更有效地利用其现存或潜在的渠道资源去争取机会、规避风险从而实现渠道运营目标。

企业的渠道运营目标是企业整体营销目标的重要组成部分之一,因此它必须服从于整体营销目标,根据渠道产品上市期、成长期、成熟期的不同特点,可能具有的优势及可能出现的问题制订合理的规划,并根据渠道战略规划设计产品的营销策略,真正发挥战略对战术的指导作用。渠道战略的提出可以增强渠道网络成员各职能部门之间的协作意识,可以为提高渠道运营效率创造条件并减少渠道管理者的盲目性,缓解意外变动的影响。战略性的提出对渠道建设策略提出了新的要求:

(一)渠道建设必须改变短期性、局部性的战术观念，而代之以长远性、全局性的战略规划思想

安德鲁斯（Andrews）（1965）认为，战略管理的核心作用是把环境的机会和企业的力量相匹配，同时保护企业的弱点，使之不受到环境的威胁，反映到企业的营销渠道建设上，战略的作用主要表现为平衡渠道网络成员的优势和企业自身对渠道的掌控力，利用价格利差、品牌政策、推广与促销政策的发挥，与渠道网络成员建立和谐的关系，同时对不同阶段企业可能出现的风险暴露及瓶颈问题进行有效预警与解决，进而真正实现企业与渠道网络成员的优势互补、价值共享，既实现企业品牌价值的提升又实现渠道价值的提升。为此，企业必须从长远和全局出发制定企业的战略性渠道建设规划，主要包括对渠道环境、发展趋势、企业渠道资源和掌控能力的研究，对企业自身和渠道网络成员优劣势的识别以及企业渠道营销策略与网络资源的匹配和战略的选择等（见图3.2）。

图3.2中对渠道环境的研究包括渠道竞争状况、渠道特点、网络状况的研究；渠道发展趋势研究既是对不同产品阶段渠道环境和机会与问题方案的研究，也是对行业内总体渠道模式发展状况的把握；企业渠道资源与掌控能力的研究既包括了企业自身实力的把握，也包括了对正确的渠道建设策略的把握。因为，巨大的渠道掌控力需要的不单单是企业的资源实力，更需要强大的渠道营运将其网络成员置于其共同的价值体系之下；渠道的SWOT识别既是一个"知己知彼"的过程，也是一个渠道资源优势的整合和优势互补的过程。企业渠道营销政策的实施主要是指渠道内的价格政策、品牌政策、推广政策的推行以实现渠道内产品销售提升、品牌形象树立的过程。战略性渠道合作方式的选择指根据企业产品的特性、渠道环境等对渠道策略的一种选择过程。

(二)渠道建设必须摆脱静态处理方法，代之以能动性、变化性的动态能力战略观

提斯（D. J. Teece）、皮萨诺（G. Pisano）和肖恩（A. Shuen）（1997）提出了"动态能力"战略观。他们认为"动态"是指适应不断变化的市场环境，企业必须具有不断更新自身胜任的能力。"能力"是指战略管理在更新自身胜任（整合、重构内外部组织技能、资源）以满足环境变化的要求方面具有关键的作用。企业应借其动态能力打破现状、制造或控制市场中的动态转变，借以面对超强竞争，并通过竞争谋取自身利益，取得优势。反映在企业营销渠道

第三部分 快速消费品渠道战略

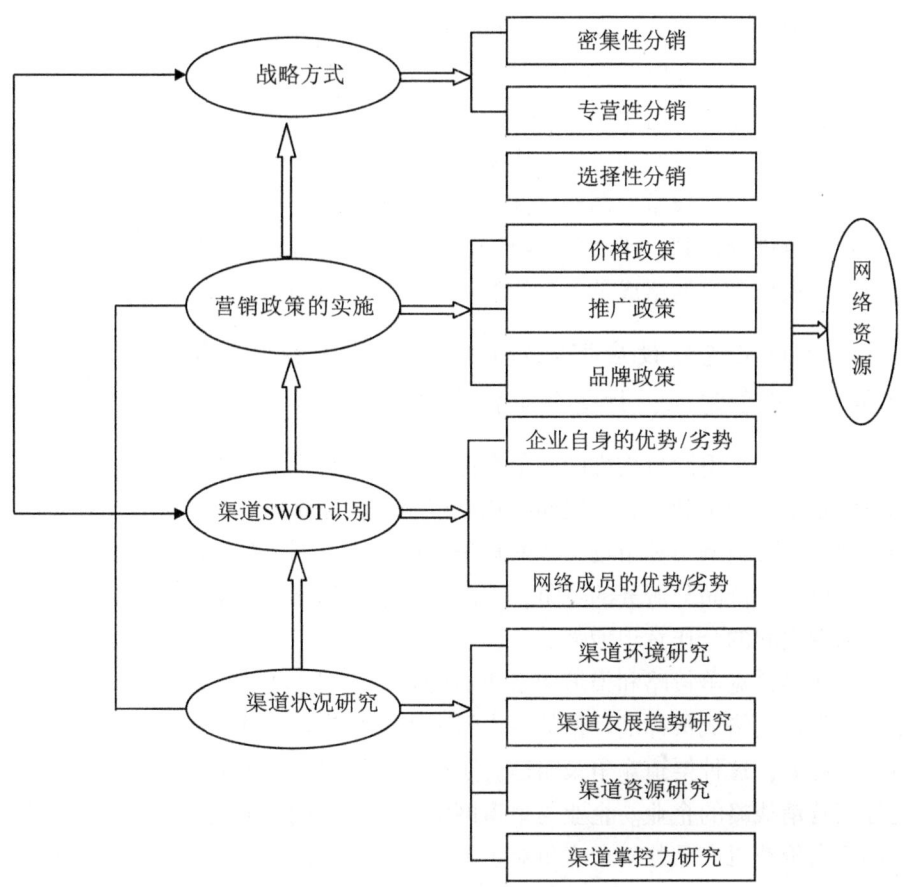

图 3.2 企业的战略性渠道建设规划系统

的建设上,动态能力的战略观要求企业在进行营销渠道的建设时必须用动态的观点来看待市场环境、竞争态势,可能出现的机会与问题等的变化,不断加强自身渠道优势的修炼,提高自身处理风险问题应变能力和实施动态渠道营销策略的管理能力。渠道策略的战略选择在静态时点上有限度,渠道建设成功的原因部分是由于早期所制定的策略和危机处理的经验和效率。明天的渠道优势孕育于今天的活动之中。企业的渠道管理人员要能够根据企业的具体情况来识别企业独特的渠道资源和优势,决定不同策略实施的适当时期。渠道管理人员应该把注意力集中在企业营销系统的内部管理过程上,以提高企业的渠道掌握能力。战略性渠道建设要求渠道管理人员具有主观能动性,他们应该根据实际情

79

况,适时地对其渠道建设的若干要点进行调整。主要应从以下几方面进行把握:①根据自身的战略要求制订有针对性的渠道组合方案,即从各个渠道的自身发展潜力、对企业的销售额贡献、利润贡献、渠道利用水平和改进潜力等角度对渠道进行分析,对渠道客户进行细分,制订与战略相匹配的渠道组合方案;②设计相关的机制和措施,协调各种渠道以减少、避免渠道的冲突;③通过对渠道的控制和权重的调整,优化各渠道销售的结构和制造商内部的成本结构,对渠道进行控制;④考虑对组织结构和流程进行调整,以适应渠道管理的需要;⑤根据渠道网络成员关系的发展态势建立新的渠道模式等。

### (三) 渠道建设应摆脱对广告的严重依赖症,树立行业竞争意识和渠道竞争意识,打造企业独特的渠道优势

营销渠道是不同机构之间的集合体,它们同时扮演着追求自身利益和集体利益的角色。为了利益它们之间既相互依赖又相互排斥,具体表现为行业内不同品牌争夺渠道网络和市场份额的竞争和渠道内不同成员之间成本最低和向消费者提供特色产品与服务的竞争,不同层级渠道网络成员对消费者的重视又导致了两者之间的合作意识增强。

企业渠道竞争策略和渠道网络成员的发展设计与总体营销战略是一致的。企业对渠道网络成员标准严格的成本管理主要是为了以相对高质量、低价格获得竞争优势,这种渠道竞争策略适合于产品与竞争对手差异性小、追求低成本先导型营销战略的企业。企业与渠道网络成员一致创新的渠道体系主要是为了以高质高价获得产品相对于竞争对手差异性的竞争优势。这种渠道竞争策略适合于产品的外观、设计、特性等方面与竞争对手有较大差异、追求差异化竞争战略的企业。无论企业采取何种营销策略,企业与渠道网络成员之间都应该建立有效的联盟或合作关系,因为只有取得行业内的优势地位,把企业利润的整块蛋糕做大,企业和渠道网络成员才能同时获得利润最大化。陈春花指出,一个企业要具有竞争力必须创建自己高效的价值链,而同处于一条价值链的制造商和渠道商之间应是一种战略合作关系,而不仅仅是一个简单的买卖关系。因此行业内企业间的竞争不仅仅取决于价值链中每一个企业的竞争优势,更重要的是通过渠道网络成员之间的战略合作,塑造整个价值链的竞争优势。

当然,制造商和渠道商作为两个相对独立的利益分割体,两者之间存在利益冲突,不可避免地存在博弈和竞争。主要表现为厂商之间对渠道掌控权的争夺,渠道网络成员希望自己的决策能够影响制造商营销决策过程,希望通过对品牌、资本的运作取得对零售终端和制造商更大的话语权和谈判权,从而成为

超级大经销商；而制造商则希望通过自己的规模与品牌优势，有效控制渠道，玩转渠道网络成员，牵着经销商的鼻子走，将经销商牢牢"扣死"，成为大腕制造商。随着行业竞争的加剧，很多企业已经认识到这种渠道内的过度竞争往往是以总体市场的让出作为代价的，往往是给竞争对手以可乘之机，得不偿失。科特勒曾指出，制造商与渠道合作产生的整体渠道利润高于各自为政的各个渠道网络成员的利润之和。为此，企业应该树立与渠道网络成员的合作意识，将渠道间松散、利益相对的关系转变为紧密的、利益融为一体的关系，双方结成利益共同体，共同致力于对消费者需求的满足，提高市场营销网络的运行效率，打造企业独特的渠道竞争优势。

### 三、战略性渠道建设的基本着力点

渠道建设的战略性要求其具有长远、全局性的战略规划，具有动态能力的战略适应观。在战略的实施过程中，企业必须树立行业竞争意识和渠道内合作意识，通过渠道差异化打造独特的竞争优势。为达成上述战略目标，企业的战略性渠道建设的着力点突出表现为以下方面：

#### （一）确立渠道战略目标

渠道的战略目标服从于企业的营销战略目标，它是对企业形象定位、企业宗旨和经营使命的综合性表达。因此，渠道战略目标的制定必须遵循企业营销战略目标制定的七项原则，如图 3.3 所示。

渠道战略目标应该表述为目标服务产出水平。巴克林（Louis P. Bucklin）认为：在竞争情况下，渠道机构在安排其功能任务时，应把某些期望达到的服务产出水平的整个渠道费用最小化。企业的渠道战略目标应该包含渠道目标（销量提升、网络打造与占有、品牌塑造等等）、进入的市场、预期要达到的顾客服务水平、中间机构的功能等，各个分目标的确立必须服从经济标准、可控标准和法律准许标准等。归结起来，战略性渠道建设的目标应是：利用渠道优势，节约营销资源，实现最大利益，提升品牌形象。

#### （二）明确营销渠道建设的战略功能

科特勒将营销渠道的主要功能归纳为：信息（收集和传播营销环境中有关潜在与现行顾客、竞争对手和其他参与者及力量的营销调研信息）、促销（发展和传播有关供应物的富有说服力的吸引顾客报价的沟通材料）、谈判（尽力达成有关商品和其他条件的最终协议，以实现所有权或者持有权的转

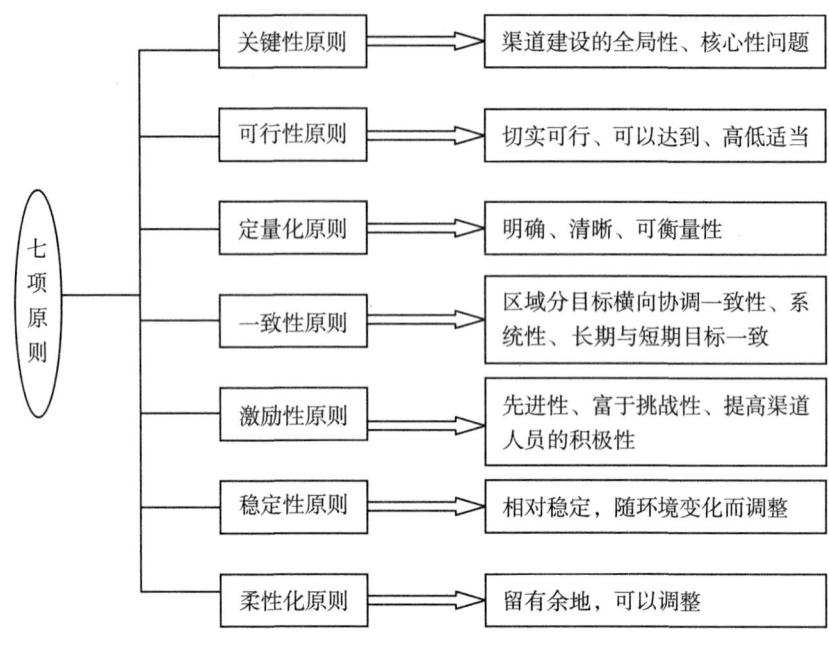

图 3.3 企业营销战略目标制定的原则

移)、订货(营销渠道网络成员向制造商进行有购买意图的反向沟通行为)、融资(收集和分散货物,以负担渠道工作所需费用)、承担风险(在执行渠道任务的过程中承担有关风险)、占有实体(产品实体从原料到最终顾客的连续的储运工作)、付款(买方通过银行和其他金融机构向销售者提供账款)、所有权转移(物权从一个组织或个人转移到其他人)等九大功能。刘永炬先生认为渠道分为通路和推广两部分。推广解决的是消费者愿意购买的问题,而通路解决的是消费者能不能购买到的问题,如图 3.4 所示。

他进而把营销渠道的功能分解为零售商、经销商、批发商等不同渠道网络成员的功能,要求对各渠道网络成员的权利和义务进行有效规范。笔者认为,营销渠道除了发挥上述种种职能之外,它作为企业营销战略的重要组成部分,更具有十分重要的战略功能:

(1) 为渠道网络成员和消费者创造时空便利,提高了顾客满意度。

营销渠道不仅让制造商、中间商、辅助商获得了信息交流、资金融通和宜于接触消费者、用户的便利性,而且为消费者或用户提供了时间、空间、数量、服务、商品类别上的便利性。只有让消费者看得到、买得到,产品的销量

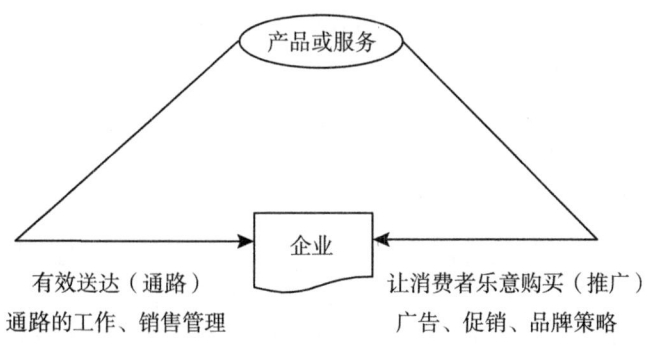

图 3.4 渠道的推广和通路

才会上去。因此营销渠道建设的核心应为消费者提供便利，以最大限度地获得消费者的注意，最大限度地满足顾客需求，使其能够获得最方便及时的服务，提高顾客满意度。

（2）扩大了企业产品的市场覆盖面，提高了企业的营销效率。

通过合理的营销渠道建设以及渠道的宣传和扩散效应，营销渠道可以扩大企业产品的市场覆盖面、市场覆盖率，提高企业的市场占有率。渠道合作关系的建立将大大提高企业商品的流通速度，提升企业的营销效率。同时，渠道网络成员间稳定利益关系的建立可以发挥战略协同效应，共享渠道资源，改善交易秩序，降低交易成本，提高企业的盈利能力。

（3）提高了企业的风险承担能力，形成企业综合竞争优势。

营销渠道的形成使渠道网络成员分别承担各自风险，既减轻了制造商的压力，也减轻了渠道网络成员的压力，两者通过分工合作、优势互补，形成利益共同体。同时企业有更多的精力和财力来提高效益，实现规模经济性，提高服务水平，形成综合竞争优势。

（4）通过渠道服务提升了产品价值和品牌知名度。

战略性营销渠道建设必须向客户提供优质的产品和优良的服务，并从下游客户中开发出更多的资源，以一切有效手段来满足消费者的需求，不断提升服务在渠道价值链上的地位，提升企业产品的价值和品牌知名度。通过渠道推动品牌成功发展后又反过来促进营销渠道的进一步上升，从而形成一种良性循环。

营销渠道是企业的无形资产，是其市场制胜的法宝。只有从战略的高度把握营销渠道的功能，才能将企业的渠道作为一个至关重要的战略要素来抓，才能从根本上对营销渠道的设计选择与管理制定有效的策略，克服传统渠道的弊病。

（三）根据产品特点、企业规模和目标市场选择合适的营销渠道

营销渠道的建设受到市场产品、企业规模等影响因素的制约。因此，企业应该认真分析，权衡各项因素，对每一渠道及其成员的选定与布局应依据其所针对的目标市场的需求特点、需求潜力及盈利规模来进行。市场因素包括市场分布、顾客数量、顾客购买特点等。产品因素考虑的是产品的流转速度、技术性、购买效率等。目标市场包括市场特性、市场容量、潜在需求等。营销渠道的选择包括对渠道长度和宽度的选择。短渠道有利于企业全面掌控终端（如掌控最终价格的制定、终端卖场环境市场信息、顾客服务质量等），但对企业资金和资源力量、售后服务的要求较高。长渠道一般具备高度渠道专业化和广泛的地理覆盖等特征，使得企业有能力面对大量而分散的消费者。企业在资金和资源方面压力不大，但对销售终端的零售价格、服务质量等方面的控制能力相对较弱。根据不同的渠道宽度有三种策略可以选择：①独家分销策略，即在一定区域市场内只选择一家经销商实施独家经营，适用于技术性强的耐用消费品和专业产品；②密集分销策略，指企业通过尽可能多的中间商或分销店来销售产品，适用于日常用品、一般原材料、标准件等；③选择性分销策略，指企业在某一区域市场有条件地选择几家中间商进行经营，适用于耐用消费品、高档消费品、工业生产资料等。

（四）战略性的营销渠道规划要求企业对渠道建设中可能出现的问题进行预警，并提出解决方案

市场环境是不断变化的，企业的营销渠道建设同样也处在一个动态的过程当中，在这个过程当中可能出现各种各样的渠道冲突和风险暴露。对此企业必须将其纳入战略规划的预警体系当中并提出解决方案，避免危机发展到不可收拾时再去解决，那样既贻误战机又浪费资源，实在得不偿失。

无论企业对营销渠道进行怎样好的设计与管理，总会存在某些冲突，最基本的原因就是各种独立的业务主体的利益总不可能一致，因此企业在进行渠道设计时必须预警到这一点。

营销渠道冲突常见于垂直渠道冲突、水平冲突以及多渠道冲突。渠道冲

突作用是两方面的。渠道冲突有时能产生建设性的作用，它能激发适应变化环境的动力，但更多的冲突是失调的。企业必须更好地管理它、利用它和消除它。从战略上讲，渠道管理人员对渠道冲突的管理不仅仅是防范和消除它们，更重要的是要善于利用它甚至是制造它来促成区域渠道建设总目标的实现。

## 第二节　中国快速消费品行业对战略性渠道建设的特殊要求

营销渠道的建设受到很多特定因素的影响，特别是产品自身的特点在很大程度上影响着营销渠道的选择。产品价格的高低、体积与重量大小、技术标准、服务要求以及季节性、时尚性、流通速度等都直接影响企业营销渠道的选择与建设；从间接上来看，产品的特点决定了企业对目标市场的选择和消费者的购买习惯，因此产品的行业特点在很大程度上决定着企业营销渠道的建设；另外，中国有许多特殊的国情，许多国际通行的渠道理论与实践在中国不一定能行得通。在中国进行渠道建设必须要有些中国的视角，尤其是要从战略的高度来把握中国渠道建设的这一重大课题，必须时刻关注中国的市场特点。快速消费品在中国是市场化程度最高的一个行业，以娃哈哈为代表的"联销体"渠道控制模式和以可口可乐为代表的"通路精耕"模式可以说是中国这个特殊市场两种极端的渠道运作方式。能否在中国这个特殊的市场，通过战略研究控制快速消费品的市场取向，为中国快速消费品行业找到通用的渠道建设方案呢？

### 一、快速消费品的基本特点及其基本渠道特征

（一）快速消费品的基本产品特点

快速消费品是指那些周转周期较短、流转速度较快、价值不高、易于消耗、消费者分布广、购买频率高、购买持续时间长的消费品，多是消费者的生活必需品，主要包括香皂、牙膏等日化类产品，以及烟、酒、饮料、小吃等副食类产品。由于购买频率高，消费者对这类产品的认识较多，购买时不需购前比较和反复挑选，属于习惯性购买。归结起来，快速消费品主要有以下特点：

（1）产品的周转周期短。

由于快速消费品属于易耗品，流转速度快，消费者购买频率高，因此产品

的周转周期特别短，特别是日化类用品属于消费者的生活必需品，消耗量特别大。所以进一步引导消费者购买有助于加快产品的周转周期，实现企业产品销售量的快速提升。

(2) 产品的保鲜期较短。

快速消费品多是与人们的日常生活紧密相关的产品，由于其流转速度很快，产品在制作时对产品的保鲜要求也较高，一般从生产到消费掉只有一个较短的保质期，因此对分销速度要求很高。

(3) 购买便利。

快速消费品多是便利品，消费者购买商品时以方便、快捷为准，同时购买呈现多次数、小批量的特点。因此，在营销渠道建设中必须把"便利性"作为至关重要的因素来考虑。

## (二) 快速消费品的消费者购买特征

(1) 消费者的分布特征较为分散。

快速消费品的消费者一般没有特定的群体，几乎人人都可以成为快速消费品的目标或潜在消费者，因此其分布较为分散。

(2) 消费者习惯就近购买。

由于快速消费品的购买频率较高，因此消费者并不会像购买耐用品一样货比三家、反复挑选，一般会选择随手就近购买。

(3) 消费者的知识程度低，易从众购买。

消费者对快速消费品产品认识和理解程度都不高，因此产品力和品牌力的大小对消费者购买量的影响并不大，为了买得放心，消费者一般会选择购买者比较多的产品，易从众购买。

(4) 消费者购买感性因素强，容易形成冲动购买。

快速消费品是视觉化程度较高的产品。消费者容易受到促销、生动化陈列、堆头等卖场气氛的影响进而形成冲动购买。

(5) 消费者对快速消费品的品牌忠诚度不高。

消费者对快速消费品的购买决策都是凭感觉做出来的，跟消费者一时的情趣和兴致关系很大，因此很容易在同类产品中转换不同的品牌。

由以上分析可知，消费者对快速消费品的购买习惯是简单+迅速+冲动+感性。

## (三) 快速消费品的基本渠道特征

产品的渠道特征是与产品特点和消费者的购买特征密切相关的，由上述分析可对快速消费品的基本渠道特征总结如下：

(1) 快速消费品多采用多渠道层级的分销模式。

由于快速消费品消费者数量多，分布范围广，故企业不可能像工业品那样采用一对一的渠道建设模式，一般都会采用大量利用中间商的分销模式，如图3.5所示。层级较多的渠道对产品的分销能力也较强，但产生渠道冲突的可能性也较大。因此，到底如何设计渠道层级并制定合理的利差分割体系往往成为快速消费品企业的难点。

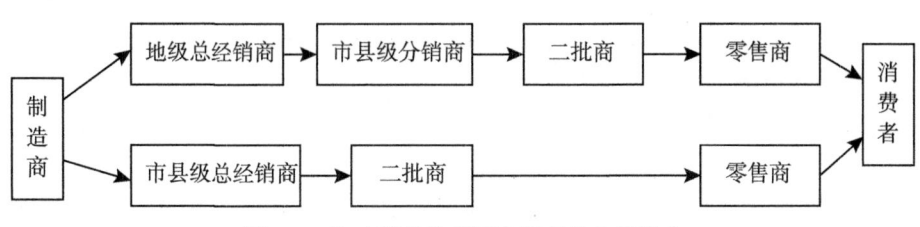

图 3.5 快速消费品利用中间商的分销模式

(2) 快速消费品终端生动化易引起消费者购买注意。

由于快速消费品的购买者往往是凭感觉和冲动购买，因此企业在建设渠道时往往伴随着大量户外形象广告和卖场内的现场演示、促销、折价销售等活动，并通过终端的生动化陈列和堆头给消费者形成强烈的视觉冲击，以促成购买。

(3) 快速消费品渠道建设中零售商占有重要位置，是销售渠道中完成销售和品牌传播的主要网络成员。

由于快速消费品主要是便利性购买，因此分布在居民区以方便居民购买的零售商（小卖部、士多店等）成为分销快速消费品的主要渠道。

(4) 快速消费品一般是多种渠道并存。

在快速消费品的营销渠道中呈现出多种模式并存的现象，它既有长渠道又有短而宽的渠道，颇具实力的企业还可以设立直销渠道。

## 二、中国市场的特殊性及对快速消费品渠道建设的特殊要求

### (一) 中国市场的特殊性

(1) 区域消费习惯差别大。

中国自古以来就是一个多民族组合经过迁徙而成的群体，受文化差异和民

族习惯的影响市场消费结构呈现多元化。由于历史文化原因形成的区域消费习性差异和地理经济收益所形成的消费水平差异是中国市场环境有别于其他国家的一个重要方面。不同的地区文化、法律制度、消费品位导致消费习惯的差异性很大,因此企业营销渠道建设的复杂性大,难点多。

(2) 中国市场消费需求层次多而复杂。

中国地大物博、人口众多,至少存在四类很不相同的市场:中心城市市场、三四级城市市场、乡镇市场以及农村市场。其中农村市场产品消费潜力特别大。

(3) 受消费需求领域经济、技术市场准入的限制,中国市场大范围地实施无差异化市场营销策略尚不成熟。

由于历史原因和传统观念的影响,中国虽然已经从计划经济转变到了市场经济,但由于国家宏观调控制约和国民经济增长的需要,导致推动中国市场化的不成熟因素还有很多,特别是在快速消费品营销渠道建设中,受经济利益的驱使生产商与中间商利益冲突较大;加之法律和市场规则的不健全导致企业商业伦理和商业信誉低下;不规范的商业行为处处存在。所以实施无差异化的市场营销策略在中国快速消费品需求市场不仅很难获得较快的成功,反而导致渠道冲突十分严重,渠道管理成本增高。网络成员控制成了快速消费品企业营销管理的重疾,是使市场秩序良性化的关键。

(4) 缺乏完整高效的物流体系支持渠道建设与管理。

中国地域辽阔,但运输系统滞后,零售企业缺乏高效率、高服务素质的物流管理,没有出现大规模的物流企业,商业运输周转仓库及终端配送能力相当低下。

## (二) 在中国市场建设快速消费品营销渠道的特殊要求

由于中国市场环境的限制,使得中国的快速消费品行业无法像英、美等国一样建设统一的分销网络。中国的营销渠道建设对战略性的要求更高,对企业资源的匹配能力要求更复杂,难度更大。具体而言,中国快速消费品的渠道建设将面临以下特殊要求:

(1) 样板市场的打造已经成为企业营销管理和市场驱动策略的必要举措。

受市场环境和资源的限制,中国大多数快速消费品企业不可能一步到位地建立起全国性的营销网络,而必须选择一个具有重要战略意义的区域作为样板市场并逐步向全国市场辐射。以白酒为例,湖南市场消费量高,竞争激烈。夺下湖南市场将是白酒业成功进军全国市场的重要保障,因此湖南成为金六福、金剑南等白酒名企首选之地，他们斥巨资打造湖南样板市场，进而逐步向其他省份辐射并最终夺取全国市场的营销成功。

（2）地级总经销商成为物流和资金流提供商。

由于市场的广阔性和快速消费品流转的快速性，即使是区域性的地级总经销商也无法直接面对消费者。他们必须借助于市县级渠道网络成员来将产品送达消费者手中。地级总经销商实质上成为为争取企业年度销量返利和少量价格利差的物流和资金流提供商。

（3）同类产品品牌特别多，终端竞争异常激烈。

由于中国快速消费品市场容量大，极小的市场份额也能给企业带来超额利润。因此进入的企业特别多，终端竞争白热化，对推广政策、促销政策和品牌政策的要求很高。这就是很多企业推行渠道扁平化、深度分销的原因。这种状况导致中国快速消费品的营销渠道建设出现了既要求长渠道分销又要求短渠道控制的矛盾，从而使得快速消费品企业对渠道的选择陷入盲从的境地。

（4）农村市场的开拓十分重要。

中国农村市场虽被认为是一块"贫瘠的荒地"，但红桃 K 和三株却在那里掘到了第一桶金；娃哈哈的"联销体"渠道模式就是重视开拓农村市场一举获得成功的典范。

（5）对预防和管理渠道冲突的战略性要求特别高。

中国快速消费品行业的经销商专业素质普遍不高，缺乏资源共享发展品牌的长远眼光，因此经常会为了短期经济利益制造渠道冲突。因此企业在进入市场之前就必须全盘考虑区域特点，建立有效的防范措施，规范渠道网络成员的营销管理。

（6）对营销人员的渠道管理、品牌推广等专业素养要求较高。

专业知识的缺乏导致中国的快速消费品网络经销商凭判断、凭经验销售产品，根本没有市场维护与管理的观念。在现代市场竞争条件下，这种做法只会导致市场后续乏力，最终走向渠道解体。因此，快速消费品企业要想确保市场长期经营必须派驻专业素养较强的营销人员共同管理市场。

（7）必须设立有效的渠道政策激励体系。

在快速消费品行业，品牌替代现象非常严重。究其原因主要是快速消费品企业通常以透支市场资源为代价给予经销商以丰厚的市场支持政策，但又缺乏合理的控制和激励体系，经销商往往是一年接一个新品牌，而企业却是做一年亏一年。针对这种现象，企业对渠道的管理和激励体系非常重要。

## 三、中国快速消费品战略性渠道建设的基本着力点

快速消费品作为中国市场中的特殊行业,其市场化程度已相对成熟。尤其是以可口可乐为代表的掌控终端模式和以娃哈哈为代表的控制渠道模式已经取得了成功。有些快速消费品企业开始模仿这些成功模式但遭到无情打击。因为不同企业不同品牌实力资源,其操作方式的差异性、竞争态势和产品阶段均不同。也有的快速消费品企业开始摸索着寻找一种既能控制渠道又能掌握终端的中间路线,如健力宝,在这条追求"鱼与熊掌兼得"的道路上,摔得惨烈。到底是什么原因导致许多快速消费品企业在营销渠道建设的过程中屡屡失败呢?究其原因,他们本身的设想并没有错,错就错在行动之前未能从战略的高度上把握企业渠道建设的基本着力点。本部分笔者将对此进行分析。

### (一) 企业自身营销资源和营销战略的分析

快速消费品企业在设计渠道之前必须认真分析企业自身条件,这里的营销资源既包括资金实力也包括营销管理能力、人力资源条件等。企业自身的资源和条件越好,渠道模式选择的余地越大。大型企业一般首先启动扁平化策略,直接面对终端,对消费者构成强力冲击,在刺激消费者冲动购买的同时迅速提高其对产品和品牌的认知。如宝洁和可口可乐都是这样做的。然而对资源有限的中小企业来说,只能通过中间商启动市场,利用其成熟的市场网络推动产品的流通。大多数快速消费品的企业都不适合一开始便大量透支企业市场资源来拉动市场,而必须有计划地逐步过渡。

另外,企业的营销渠道模式必须服从企业总体营销战略、核心竞争力定位、动态成长路径及价值链组合等。如果脱离营销战略去设计营销渠道,只会导致营销渠道的严重扭曲和失败。

### (二) 分析目标市场的特点和渠道功能的发挥机制

快速消费品渠道模式的选择必须考虑到目标市场的特点,主要包括消费者的消费和购买习惯,对中间商的依赖程度等。目标市场是快速消费品最终被消耗的终点站,当目标顾客人数众多,需求量大并且分布广泛时,企业应与多环节、多数目的中间商协作销售;如果目标顾客分布相对集中并且需求量不太大时,企业可选择短而窄的渠道进行销售。营销渠道的建立还要考虑到尽可能大地让它发挥其战略功能。因此对企业选择的渠道模式到底如何提高顾客满意度,如何提升产品价值和品牌知名度等,要设计合理的作用机制。

## （三）根据不同产品阶段特点提出解决预案

产品的不同阶段具有不同的特点和竞争状况，可能出现的问题也各不相同，如产品上市期就应该注意战略合作伙伴的选择及区域市场的快速开发；而在成长期就应该着重于渠道的控制和管理渠道冲突的防范与处理以及品牌形象的提升；成熟期就应该完善渠道整合策略以及深度分销的实施和终端优势的打造等。针对每一阶段的重点工作问题，企业都应该提出详细的市场操作方案。

## （四）确立快速消费品渠道建设的政策制定

渠道网络成员和企业争取销售产品和获取市场销售利润的观点是一致的。但在市场利益上会因各自条件设定存在不同。如何满足渠道网络成员的利益，又不损伤企业的市场利益是渠道政策设计的关键。反映在价格政策上，快速消费品必须制定合理有效的渠道利润分割体系和恰当的市场推广以及为价格体系扩张与调整留有余地；在促销与推广政策上，企业必须明确促销和推广的时机与地点的选择以及活动的动机等；在品牌政策上，必须针对品牌的发展阶段和市场地位来制定有效的品牌政策，以真正发挥在区域市场上企业营销品牌的核心竞争优势。

## （五）渠道建设的动态运营观念

快速消费品渠道模式的差异性体现了不同企业与经销商之间不同的利益平衡方式，渠道策略应倾向于强化竞争优势以适应复杂多变的环境。企业在进行渠道运作时，随着市场环境的变化，渠道模式应该具有动态性，必须根据实践的结果不断修正调整和完善企业市场推广渠道运营模式，以便更好地完成营销渠道建设目标，同时还必须随着外部市场环境和内部资源条件的改变不断地进行维护和强化使之保持高效率的运转，满足企业成长的需要。

# 第四章 快速消费品不同产品阶段①的渠道管理策略

产品的渠道成长具有不同的阶段，每一阶段所呈现的市场特点，竞争态势各不相同，产品的渠道建设的重点也有所不同。特别是对于快速消费品这种流转速度快、购买频率高的产品，产品渠道在上市、成长、成熟阶段具有很强的差异性，市场机会和问题也会出现不同的特点，渠道建设所面临的主要任务也有很大差别，因此企业必须就产品不同阶段的渠道建设建构一个有效的战略管理体系，如图4.1所示。

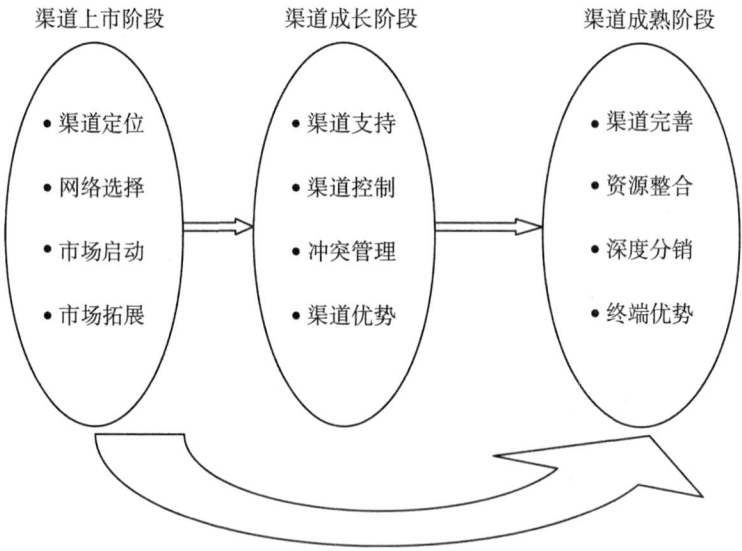

图4.1 快速消费品的渠道战略管理体系

---

① 在本书中指产品渠道建设的不同阶段，有别于产品生命周期的不同阶段。

## 第一节　快速消费品上市阶段的渠道选择策略

在快速消费品上市阶段，除市场引导者外，大部分快速消费品企业面对的是一个存在无数同类产品竞争者的市场。根据快速消费品的产品特点和消费者的购买习惯分析，营销策略定位越准确，市场跟进者获取营销成功的可能性越大。因为消费者此时已经对该类产品有所认知，但缺乏品牌忠诚度；此时一种新品的上市更能激起消费者的购买欲望。由于此时新品的铺市率很低，品牌认知度几乎为零，营销网络尚待营建，所有这些营销努力都需要高额市场费用支持。因此，快速消费品初次进入某一市场往往对渠道的依赖性特别强。而渠道网络成员信任度的建立需要一个长期的过程。因此在产品的上市阶段，快速消费品企业多会展开强大的广告攻势以向渠道商展示企业"强大的实力"；同时给予经销商优厚的市场支持政策并许以诱人的经营利润以吸引经销商合作。但是根据对中国快速消费品的渠道现状的调查发现：经销商永远填不饱，往往从一个品牌猎取短期利润后迅速转向另一个品牌。如此恶性循环，导致中国真正成长起来并建立一定品牌形象的快速消费品企业并不多。为了改变这种不正常的格局，快速消费品企业在上市阶段对渠道的选择策略中，必须更换视角。归结起来，笔者认为主要包括三个方向的内容：渠道定位、选择建设与开发政策的制定和战略合作伙伴关系的建立。

### 一、快速消费品上市阶段的渠道定位和网络选择

#### （一）快速消费品上市阶段的渠道定位

现代商战是锁定目标然后实施攻击。只有有了目标，才能测定和目标之间的距离，才能知道如何把目标和自己联系起来。对于快速消费品的渠道建设而言，首先必须有一个目标定位，接下来才能实施渠道策略。渠道定位是企业确定自己的渠道利益和消费者的距离远近的方式。这种定位方式是对渠道建设的一个创造性工作，它是以产品的渠道为原点的。快速消费品渠道的定位是与企业渠道设计的目标相关联的。渠道设计的目标不同，渠道定位的方向也不同（见表 4.1）。

表4.1　　　　　　快速消费品渠道定位与渠道目标的关系

| 渠道目标 | 消费者需求 | 渠道定位方向 |
| --- | --- | --- |
| 销量最大 | 大量购买 | 多层长渠道 |
| 成本最低 | 质量优秀 | 少层短渠道 |
| 信誉最佳 | 服务保障 | 少层短渠道 |
| 控制最强 | 承诺到位 | 少层短渠道 |
| 铺市率最高 | 便利性强 | 多层级 |
| 冲突最低 | 放心购买 | 少层短渠道 |
| 合作程度最高 | 忠诚度高 | 多层长渠道 |

一个优秀的企业当然期望能够同时实现上表中所有七项目标。但是，企业的资源和精力是有限的，企业如果想全面实现所有目标，那它必将一事无成。现代商业社会是一个竞争异常激烈的社会，因此企业必须在打造渠道差异化竞争优势上下工夫，才能最终得到渠道、提高渠道效率并实现渠道利益。由于产品特点和行业特点以及消费者购买习惯的限制，快速消费品企业的渠道目标一般都锁定在销量最大、铺市率最高、合作程度最高三项上，相应的渠道建设一般定位于多层级的渠道模式。快速消费品的渠道商只有长期合作，企业才能有利可图。因此，快速消费品企业在打造销量和铺市率的同时必须非常重视与渠道经销商战略合作伙伴关系的建立，所以对网络的选择也就非常慎重。

(二) 快速消费品上市阶段的网络选择

(1) 渠道组合方式的选择。

快速消费品是一种便利品，消费者都渴望以最短的时间、最好的地点、以最便利的方式、花费较低的代价购买自己需要的商品。如何不断地满足这种需求成了快速消费品企业确定渠道模式首先要考虑的问题。快速消费品不同层级的渠道商都有自己的优势和劣势，相对应的不同的渠道组合策略对企业的适应性也有所不同（见表4.2）。

表4.2　不同渠道网络成员及对应渠道模式优势/劣势对比分析表

| 渠道类别 | 优势 | 劣势 | 对应渠道模式 | 渠道模式优势/劣势 |
| --- | --- | --- | --- | --- |
| 总经销商 | • 有一定流通渠道、分销快<br>• 资金雄厚<br>• 信誉好 | • 经销产品不专一<br>• 对企业依赖性强<br>• 不易配合企业 | 企业—总经销商—终端—消费者 | 有效到达消费者但价格与服务难以控制 |
| 二级批发商 | • 有一定渠道网络<br>• 深度分销能力强<br>• 面向乡镇市场 | • 规模混乱<br>• 唯利是图<br>• 信誉差 | 企业—总经销商—二批商—终端—消费者 | 环节多，可融资、可到达消费者但不能满足低消费收入者 |
| 终端 | • 有固定的销售网络<br>• 统一采购<br>• 信誉好、资金雄厚 | • 供货价低<br>• 进场费用高 | 企业—终端—消费者 | 最易于到达顾客但管理成本高 |

表4.2是几种常见的渠道组合策略，另外还有直销等渠道模式。对于快速消费品行业而言，不宜直接套用上述渠道模式，而必须针对行业特点综合上述渠道组合进行新的改造。笔者认为如图4.2所示的渠道组合比较适合快速消费品的特点。

通过图4.2的渠道组合方式，快速消费品企业既充分利用了总经销商的物流和资金优势，又能够发挥二级批发商强大的深度分销能力优势；对于终端，制造商只对其提供支持和培训，并不干涉总经销商和二批商之间的合作关系。这种渠道组合模式既有效发挥了各层级的渠道优势又保持了渠道之间利益的平衡，是一种适应于快速消费品的稳定而有效的渠道组合模式。

（2）快速消费品网络成员选择的一般原则。

快速消费品渠道网络成员的选择是一个相当复杂的过程，因为企业要把产品快速送到消费者手中，选择的渠道必须要能够承载产品并帮助企业达成目标。快速消费品网络成员的选择须遵循以下原则：

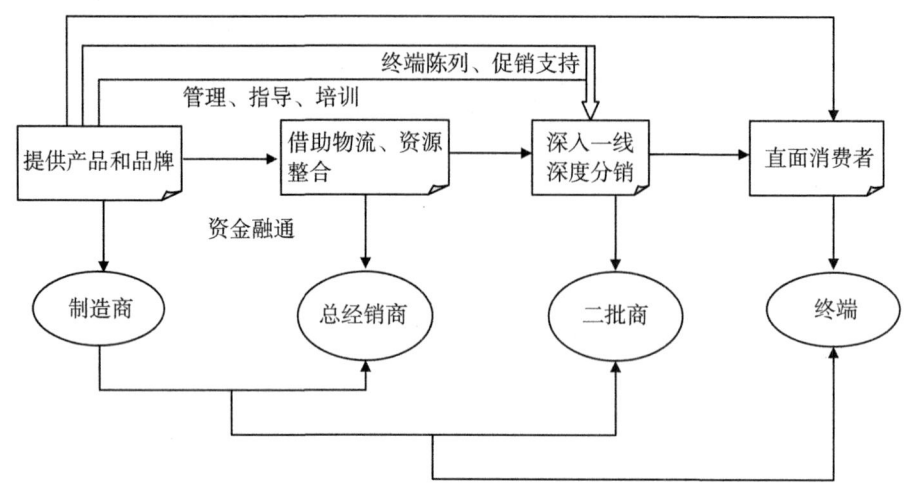

图 4.2 快速消费品渠道组合方式

①认同企业的经营理念,双方能长期合作并结成紧密的市场战略联盟。理念的认同是企业选择经销商的首要原则。企业选择的经销商与企业必须在发展目标、对行业前景、市场等方面的看法相一致;双方达成伙伴关系后,能够在企业的各个层面实现有效的整合,能够接受企业的销售政策与推广策略,能完成双方共同制订的市场推广计划。

②必须具有快速消费品市场运作经验。经销商的市场运作能力是决定其营销绩效的重要方面。一个缺乏快速消费品市场运作经验的经销商即使资金实力很强,企业也不能勉强与之合作。因为快速消费品的营销需要特定的二批、零售店、终端等网络关系。离开这些关系,产品无法动销,无异于将企业的产品转移到经销商的仓库而无法最终被消费者消耗掉。

③具有较强的经济实力和管理能力。经销商的经济实力关系到货款的结算和市场操作的资源配置。如果经销商缺乏强大的经济实力,市场分销根本无法展开。另外,经销商在执行相关决策、方案方面的管理能力对良好合作的协调性和推广方案的实施起着重要的作用。

④具备良好的商业信誉和经营口碑。经销商的信誉是其在经营活动中所获得的其他企业对其能力、效率、财务信用等方面的综合评价,是制造企业对其建立高度信任关系的重要衡量指标。经销商的信誉低下带来的不仅是账款的回收问题,更是关乎企业渠道命运的重大问题。因此在网络成员选择问题上必须

认真加以考虑。

## 二、快速消费品渠道建设与开发政策的制定

经过初步分析，快速消费品的渠道模式适宜选择利用中间商的长短相间的渠道模式；前文中我们对合格经销商条件也有了清楚的了解，那么，快速消费品企业应该选用怎样的推广政策来吸引经销商与之合作呢？

### （一）选择合适的推广媒体

经过长时间的运作，在快速消费品行业形成了一个不成文的说法：推广＝广告＋政策奖励。企业在进入市场之前无一不是斥巨资采用铺天盖地的媒体推广和诱人的政策奖励，结果是导致企业资源的高度透支，推广业绩虽然可嘉，但都是朝花夕落。早期轰轰烈烈媒体轰炸，后期却无任何实力拉动市场，结果很有潜力的企业因其自身市场支持的有限性，导致好端端的一个产品中途夭折。其实，中国的推广媒体有很多，比如平面媒体、网络媒体等，企业完全可以根据目标市场特点选择包容性大、报道翔实且容易引起渠道网络商注意的媒体，而不必浪费大量资源去做无谓的推广。渠道网络成员的开发只是产品导入市场的一个先导期，企业决不能将资源过分向它倾斜。渠道开发的成功与资金投入的多少并没有直接的关系，只有选对了推广媒体，渠道建设与开发才可能成功。

### （二）深度解读渠道商机吸引力

快速消费品市场导入的前期媒体推广旨在引起注意，因此贵在能够引起共鸣、认可和行动。推广媒体广告应当简单明了地阐述经销商经销该产品能够带来哪些切实利益。因此从理性的角度分析项目获利的可能性，才能真正打动经销商的心。

### （三）合理推出企业的渠道建设与开发策略支持、服务市场

渠道网络成员销售一个产品其根本的目的在于盈利，但是对于如何最大限度地获取市场利润他们心里是比较盲目的。因此，企业产品市场推广应该针对渠道网络成员的疑点强力介绍企业的价格策略、渠道策略、产品策略、促销策略和推广策略，树立渠道网络成员经营企业产品的信心和决心。

## 三、构建战略性渠道合作关系,迅速开发区域市场

### (一) 构建战略性渠道合作关系的途径

(1) 改变传统渠道观念。

战略性渠道合作关系就是渠道系统内的成员在相互信任和长远目标的基础上致力于共同发展的长期、紧密的合作关系。面对快速消费品行业强烈的市场竞争,企业的渠道格局也在发生重大的变化。快速消费品企业要在激烈的市场纷争中维护渠道利益、提升渠道效率就必须改变传统的渠道观念,把厂商看作唇齿相依的两个利益主体,把渠道网络成员看作企业的战略合作伙伴,帮助渠道网络成员发展的同时使企业获得发展,从而获得更大的市场竞争优势。

(2) 以价值分享为切入点建立渠道关系。

面对当今渠道网络成员非分要求的不断增多并呈现永无休止的状态,企业往往一筹莫展。其实根本原因就在于利益观念的过分强化而忽视了长远发展目标。其直接后果是导致渠道网络成员信用度低、缺乏忠诚度。面对这一现状,企业首要的工作是以价值分享为切入点,强调与渠道网络成员的共生共存意识;致力于与经销商共同努力,以成本最低的优势向消费者提供与众不同的产品和服务,进而帮助渠道网络成员提高盈利率和价值水平。

(3) 建立高度互补的厂商合作平台。

快速消费品企业应该根据渠道网络成员在经营中的劣势来提供服务,而不能像传统做法一样,所有经销商统一提供促销品、提供物料支持,而不管渠道网络成员是否需要。如果渠道网络成员在管理方面较弱,企业就应该对其加强指导和培训,提高其市场管理能力;如果渠道网络成员缺少促销物料,企业就应该在政策范围内提供物料。总之,要做到投有所值、长补所短,重在提高渠道网络成员的市场驾控能力而不仅仅是盈利率。

(4) 构建共同愿景目标,发展相互信任关系。

企业在与经销商构建战略合作共同愿景目标的过程中,要把目标与价值观结合起来,在企业发展规划、市场前景等方面与经销商达成共识,形成双方的共同长远目标;还可以通过协议的形式明确双方的权利和义务,建立共享机制,让渠道网络成员参与部分市场决策,本着共同成长、风险共担、利益共享的原则,实现"双赢"合作。

## （二）竭力合作，迅疾拓展区域市场

快速消费品企业在产品导入期市场开发成功以后与总经销商战略合作关系的建立只是一个初步过程，要真正实现战略上的合作"双赢"，企业和总经销商必须在产品的上市阶段通力合作，迅速开发区域市场，实现产品的区域分流和价值资源的逐步下移，从而快速地将产品送达消费者面前并快速实现产品认知。

（1）开发下游批发商。

如果由总经销商独自来分销产品，必然导致营销渠道过长，总经销商无力掌管下游市场，因此企业营销人员必须协助总经销商开发二批商和零售网点。此时，企业需要给总经销商一个统一的二批和零售店供货价格体系，并设计统一的二批、零售店销售政策，从宏观上把握总经销商与下游批发商的合作。由于下游市场对市场的需求只是产品的利益，对品牌的要求不高，他们看重的是产品的规模销量。所以企业不必干涉总经销商对二批商的控制，但要注意不能让二级渠道网络成员将产品过早地低价进入市场，以免扰乱市场秩序，削弱产品在其他区域市场的发展机会。

（2）提高产品铺市率，加强产品宣传。

一个全新品牌的快速消费品在进入市场的初期，要迅速让消费者认知并引起购买必须迅速提高产品的铺市率，让产品在最大范围内对消费者形成强烈的视觉冲击。同时，企业应与总经销商迅速进行资源整合，加强区域市场产品宣传力度，将企业销售政策中的广告宣传、促销费用开支与经销商在当地与媒体的关系结合起来，开展形式多样的宣传活动。要利用地方电视广告、公交车身广告、出租车贴广告、灯牌、灯饰等视觉效果强、受众广泛的传播媒介，迅速让产品深入人心。也可以在一定范围内开展免费品尝、免费试用等大型市场推广活动。

（3）选择恰当时机，认准目标，实现快速终端导入。

对于快速消费品而言，销售终端无疑是一块重大根据地。要实现销量和品牌形象的提升，快速消费品导入终端已经成了没有选择的选择。对于上市阶段的快速消费品而言，不应该过多地卷入终端争斗，但是必须利用自己的产品优势、价格优势和经销商的渠道优势迅速打入终端。在合理分析投入产出与效率的前提下，可以从广告、促销费用中分出部分来"购买终端"，但企业必须与终端零售商签订有效的销售任务合同，以确保终端销售目标的实现。

快速消费品企业在产品的上市阶段必须利用一切可以利用的优势资源，选择有代表性的区域市场精耕细作，确保样板市场的成功，而绝不能产品一上市就推行扁平化的渠道运作模式。因为受到资源的限制，快速消费品企业为了争取市场份额和增强盈利能力以达到快速渗透市场的目的，在产品知名度尚不高的情况下根本无力将管理中心下移。此时必须利用经销商的实力和关系来制衡终端渠道，在前期市场推广着力打造传统渠道的同时提升产品的市场形象、增强企业实力，以便为产品成熟期打造终端等现代渠道优势夯实市场基础。总之，快速消费品在产品上市阶段的渠道建设应该是：做好渠道定位、选对渠道网络成员、利用传统渠道、涉足现代渠道，为打造差异化渠道竞争优势做准备。

## 第二节　快速消费品成长阶段的渠道管理策略

快速消费品进入成长阶段的显著特点就是渠道需求的增长，区域市场商品普及率大大提升，渠道销量迅速增长。此时如果渠道管理策略操作得当就可显著提高渠道的利润和盈利能力，进而弥补企业前期市场操作中的渠道运营成本，体现企业的经营利润。在此阶段，快速消费品的铺市率和产品知名度大幅提升；快速消费品建立了相对完整的渠道网络；部分经销商开始后续回款，企业对渠道的支持开始减弱；渠道与渠道之间的冲突开始凸显出来。如果不加强管理和控制将引致许多恶性问题的发生。"窜货、冲货"问题的出现将逐步扰乱市场产品的价格体系，企业在市场运营的操作空间将日趋透明化。如果不加以科学的防范和控制，很容易导致整体市场崩盘的严重后果。因此，在快速消费品渠道成长阶段的渠道建设应该致力于有力的渠道控制和合理的渠道支持，解决好各种形式的渠道冲突，并利用渠道优势初步塑造品牌形象，建立品牌忠诚度。

### 一、快速消费品渠道成长阶段的渠道控制和渠道激励策略

#### （一）管理快速消费品渠道冲突

在中国，快速消费品行业的市场化程度最高，企业的操作规则高度同质化，渠道网络成员对企业的操作手段也最熟悉。与之不对称的是中国快速消费品经销商市场操作素质低、不具备战略眼光和经营管理思想是普遍现象；加之快速消费品经销权转移成本低，导致经销商普遍唯利是图，只强调短期效应、信用低下，无法按照企业的意愿操作市场，将企业的市场营销推广方案束之高

阁或大打折扣，不按企业所计划的方式来经营市场；砸价、窜货、套取企业的渠道政策、滥用促销物料甚至对市场进行掠夺性开发，不惜一切代价最大化当前利润。这些都是快速消费品渠道建设的成长阶段渠道冲突的突出表现。归结起来，渠道冲突的表现及反冲突的控制方法如下：

（1）由于产品市场价格不明造成的冲突。

由于快速消费品价格普遍不高，消费者购买频率高，产品的需求价格弹性大，因此微小的价格差异能够带来较大的需求反应。如果企业在渠道设计时没有建立统一的销售价格体系就可能导致经销商为了资金快速周转、避免产品压仓、获得企业的销量返利就会降低产品的批发价格，使二批价格低于总经销价格，从而导致价格体系混乱。对于这种类型的渠道冲突，企业一定要提前做好防范措施，在签订经销合同时必须附上统一的价格体系、制定有效的"乱价"惩罚条例并严格执行，一旦发现此种现象，从渠道政策、年终返利等方面予以惩罚。这种办法通常可以减少此类渠道冲突的发生。

（2）由于市场区隔造成的相邻经销商的冲突。

快速消费品市场运营到今天，大部分企业已经明确知道了市场区隔不明的危害。但是由于中国市场区分的复杂性和经销商的唯利是图、善打"擦边球"的本性导致由于市场区隔造成的渠道冲突依然普遍存在。对此企业应从两个方面加以防范和管理：首先在签订经销合同时对有争议的地区必须作严格的市场限定并明确双方市场经销商的责、权、利；另外，企业的产品必须贴有"区域市场专卖"的专用防伪标，这个工作从产品上市开始所有的市场都应该严格做到。

（3）由于不同层级渠道网络成员责权不明造成的渠道冲突。

快速消费品是一种流动性很强的商品，采取的是一种长短渠道相结合的渠道管理模式。如果不同层级渠道网络成员之间责权不明很容易引发渠道冲突，具体表现为：不同经销商同时以不同价格向末端渠道供货。对此企业必须明确不同层级渠道网络成员责权利关系，并通过正向的渠道激励政策奖励合约的严格遵守来维护渠道系统的稳定性。

渠道冲突的表现形式多种多样，但总体而言主要由于上述原因所致。究其根本原因主要因为渠道系统是由若干不同利益目标和思考模式的组织构成的。企业希望维护市场利益以获得长久的市场机会和更大的发展空间；而经销商追求的是眼前利润的最大化。从这种意义上来说，渠道冲突是不可避免的，营销人员此时必须善用心理学深究不同经销商内心最关心的核心利益点进行突破，从而在渠道冲突出现之前针对各经销商最关心的重点制定奖励或惩罚措施达到防范渠道冲突的目的。从根本上讲,渠道冲突的防范必须从与经销商建立战略合作关系着手。试想,一个与你共存共荣的利益体还会放弃共同的"双赢目标"来制造冲突吗?

### (二) 快速消费品渠道网络成员的激励

纵观中国快速消费品渠道发展,多数企业对渠道网络成员的激励往往单一建立在对销量的依赖上,往往以物质奖励为单一指标。许多企业对经销商的激励就是"最大":谁的销量最大,企业给谁的市场支持就最优惠、返利奖励就最多。为了激励经销商多销售本企业产品,提高产品销售量和市场占有率,企业往往向经销商抛出高额年终返利、特殊奖励等诱饵。经销商完成的销量越大,奖励越多。这样做的结果是导致经销商为争取销量不惜砸价、不惜窜货、破坏市场秩序。很多企业已经认识到此种激励办法的弊端,但是却无所适从,无奈之中不知不觉地将自己的企业拉向了不归路。事实上,针对快速消费品行业经销商数目多、专业化程度低的特点,企业完全可以设计更加合理的渠道拓展激励体系,既提高经销商的积极性,又实现企业的渠道发展目标。

(1) 快速消费品渠道网络成员激励体系的建立。

单纯的物质激励只会使经销商像一个永远吃不饱的孩子。个别的激励只会导致渠道冲突的加剧;单纯的正向激励只会纵容经销商的违规市场操作行为。因此,快速消费品企业要真正发挥渠道激励对实现渠道运营目标的作用决不能采用单一、个别、短期的激励办法,而必须建立如图4.3所示的合理有效的全方位渠道拓展激励体系。

快速消费品在渠道设计中应该建立全方位的激励体系,对每一项激励的享受条件、具体操作办法、评价指标做出详细的运营方案,并对经销商开展详细具体的解说,使其切实感受到企业对其达成自身目标的支持,以赢得经销商的认同。只有这样才能使快速消费品企业逐步摆脱单一激励所带来的负面影响,促成经销商目标和企业发展目标的双重实现。企业在执行激励方案时应该兼顾个体和全局,兼顾短期和长期,考虑财务成本。总之,一切渠道运作必须服从于企业总体的营销战略目标。

(2) 渠道网络成员激励的原则。

如何操作渠道网络成员激励体系呢?具体而言,这是一项复杂而庞大的工程,应根据企业的资源实力、渠道建设状况、财务状况、企业战略目标、经销商的利益关注点等等的不同,由市场营销管理人员酌情把握,笔者在此不详细论述。但是不论对于什么情况,渠道激励体系的操作应该遵循以下原则:

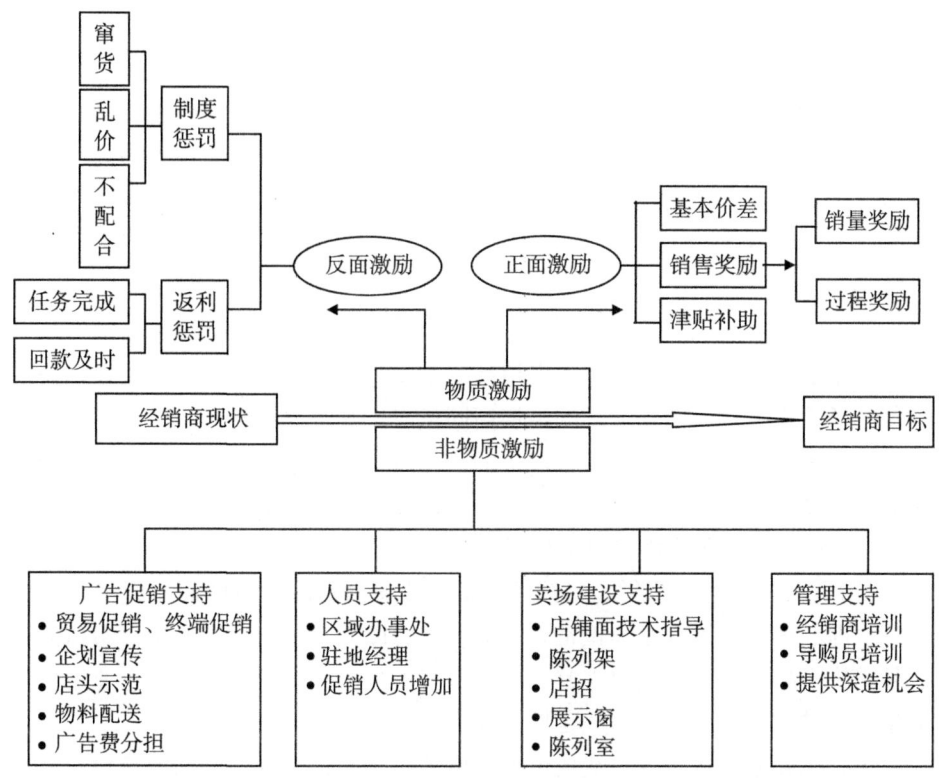

图 4.3 快速消费品经销商激励体系

① 激励额度适中。渠道激励实质上是渠道利益的再分配过程，它是利用渠道资源的掌握及分配来调节渠道网络成员之间关系的一种手段。因此企业不能超出自身资源条件的限制来提高经销商的积极性。同时企业也不能设定过高的标准来要求经销商，以至阻挠他的努力。总之，激励应该适度，不能过度也不能滞后不足。

② 激励手段应适应市场变化。在渠道建设的不同阶段，市场特点大不相同，不同地区的市场特点也有区别。相应地，经销商的利益关注点存在很大的差异性。因此，企业在操作激励体系时，要分清重点，有的放矢，既节约企业资源又达到提高经销商积极性的目的。

③ 激励手段评价标准要全面统一。激励体系的有效执行应建立全面统一的评价标准，应与经销商的市场管理、价格控制、信息反馈、顾客服务、企业市场营销推广方案的贯彻执行等指标挂钩，并建立有效统一的量化评价体系，以

做到公平、公正，不然反而会成为市场窜货、砸价、区域窜通的诱因。

企业渠道管理是多方面的，然而在现阶段中国快速消费品企业的渠道管理还停留在粗放化、经验化的层面上，稍不关注就可能导致渠道全线失效。为了摆脱这种现状，企业必须用战略的眼光来看待和高度重视这一问题，顺利完成渠道关系的过渡，在帮助经销商找到成长方向的同时挖掘最大市场潜力，不断提高市场份额，追求品牌的长远发展，达成与经销商营销推广体系的共赢目标。

## 二、快速消费品渠道成长阶段的渠道冲突与反冲突

快速消费品渠道成长阶段的渠道冲突主要表现为窜货。窜货就是经销商不经制造商销售中心和销入地区的经销商同意或相互窜通后擅自将产品销售到辖区外。它是渠道成长阶段营销管理中的一个瓶颈问题，特别对于快速消费品行业而言，窜货是营销渠道建设的一个顽疾，任何忽视窜货问题的快速消费品企业都可能因为价格体系的混乱导致整体市场推广体系的失衡。

"窜货"分为恶性窜货和自然性窜货，快速消费品渠道中面对的多是恶性窜货，即经销商为了获取非正常的利润，蓄意以低于企业规定的销售价格向辖区外销售产品，它对已经建立起来的渠道有极强的破坏力，是危害企业销售渠道生存的最大隐患。窜货的危害性主要有：

①破坏渠道价格体系，造成市场价格体系混乱，引发渠道拓展危机；②经销商经营积极性受挫，终端销量严重下滑，市场逐渐萎缩；③渠道网络成员忠诚度低，渠道稳定性差，网络逐渐萎缩直至崩溃；④损害企业形象、企业品牌战略受到致命打击。

"窜货"从市场表层看无关紧要，但析其深处对市场危害甚大。因此，企业在渠道建设中必须予以高度重视。窜货的成因有很多，因此不可能借助单一的方式加以防范，企业应该通过系统的营销管理体系发挥企业的积极引导作用并采取相应措施加以防范和治理。

（1）用制度制止窜货。

为了有效控制经销商的行为，保证营销渠道的整体利益，企业必须以严明的制度规范经销商的行为。首先企业可以根据实际情况制定经销商管理制度，以明确规定经销商应履行的职责和应避免的不合理行为以及违反制度时可能受到的处罚；其次，在销售合同中明确销售区域，加入"禁止跨区销售"的条款并与渠道的反向激励挂钩，一旦发现"窜货"行为，严格按照规定执行。

（2）合理规划区域市场，实行区域严格"条码"制。

为了减少区域间的窜货行为，企业应合理规划区域市场严格界定网络，减少交叉和重叠，在发往不同区域的产品上严格贴上识别性强的"地区专卖"条码，一旦发现窜货，做到有据可查，按章处罚。

(3) 激励与市场行为挂钩。

在激励体系的设计中，不能以"销量"作为单一的评核指标，应该根据目标任务完成情况、市场拓展、区域窜货、价格管理等方面的综合评定，使渠道激励发挥规范市场的作用。

(4) 避免价差，完善价格体系。

窜货的一个重要原因就是区域价差过大，区域利润分配不合理。因此企业可以通过实行统一到岸价并减少价格让利空间来避免价差；另外严格控制资源流向，杜绝政策外补贴，掐断窜货的利益来源。

(5) 建立预警系统，加大监督和处罚力度。

企业对窜货要有足够的重视，必须建立可靠的预警系统，建立市场巡查制度，设立专门的"打窜办"，把治理窜货作为日常工作常抓不懈，区域营销经理对所辖区域的窜货负有连带责任，并制定合理的奖惩制度。

区域市场"窜货"重在防范，窜货一旦出现企业只能是"有法必依、执法必严"。严重的还可取消其经销权，一旦处罚与其利益挂钩，经销商就不敢铤而走险。

"窜货"问题的治理应该是"清源正本"，从其源头抓起，扼住了源头的活动窜货自然就不会发展。同时对窜货问题的解决不应该停留在战术层面而应该通过系统的方案来解决，从上到下树立以大局为重、立足于长远的思想，克服人情关、大户关，坚决做到"制度面前人人平等"，杜绝任何形式的包庇和纵容，这样才能从根本上杜绝窜货。

### 三、利用渠道优势塑造品牌形象，建立品牌忠诚度

随着市场竞争的日益激烈，传统的营销模式已经不太适合于大多数企业。快速消费品的营销管理已经进入了品牌营销的阶段。大多数快速消费品企业已经无力承受巨额的营销运营成本，而品牌高知名度和忠诚度无疑能够降低营销成本，加强渠道的掌控能力。以渠道优势塑造品牌形象，以品牌形象提升渠道价值已经成为快速消费品突破瓶颈的重要手段。中国饮料业的娃哈哈就是善于利用渠道与品牌联动效应的典范。建立"渠道管理+品牌打造"的营销模式已经成为中国快速消费品营销的必然选择。品牌是建立渠道优势的动力而渠道优势是塑造品牌的基础条件。国外资金雄厚的企业如可口可乐可以借助品牌推广

来打造渠道优势，但中国大多数快速消费品企业并不具备跨国公司那样的资本优势，因此只能借助渠道优势的打造来推动品牌的发展，当品牌具有一定实力之后，又反过来促进渠道建设的发展，从而形成一种良性循环。

## （一）区域办事处凸显快速消费品的渠道优势

在渠道建设进入成长阶段以后，市场的发展会逐渐超越经销商的管理极限，此时企业就存在一个两难选择：介入经销商内部管理必然可能引发垂直渠道冲突；不介入经销商内部只会带来区域市场管理的混乱，导致产品品牌力无以提升。快速消费品企业要迅速提升渠道的掌控能力，提升品牌的深度传播力就必须借助于区域办事处的设立。事实上，顶新、统一、娃哈哈、青岛啤酒等国内知名快速消费品企业已经采取了设立区域办事处的营销模式，并且取得了良好的效果。区域办事处的有效设立和管理可以在品牌传播的同时弥补区域经销商的薄弱环节，从而在打造快速消费品渠道优势的同时塑造企业的品牌形象。

（1）区域办事处的职能定位。

区域办事处是由企业营销中心下派区域市场的市场协助人员，是营销中心的重要组成部分。发展区域办事处的根本目的在于以渠道掌控能力最大化和物流效率最大化为基础，实现产品终端覆盖率、市场占有率和品牌传播效率最大化；塑造企业的品牌形象，建立品牌忠诚度，最终实现整个市场占有率和利润率的最大化。区域办事处的日常营销职能在于与经销商共同做好区域规划，协助经销商开发与维护重点终端，主动开展针对消费者的开发与宣传，做好消费者的攻关，对区域市场进行调研并反馈信息。区域办事处是企业的办事处，日常工作对营销中心负责并接受营销中心的指导和管理。办事处的职责在于协助经销商加强市场管理、提升服务质量、开发和培育渠道、提升经销商的经营能力，确保区域市场实现良性发展。

（2）区域办事处的渠道结构及其管理与考核。

业界认为区域办事处的渠道模式有并存式、统管式以及依附式三种模式，其划分的标准就是办事处与经销商的主从关系。笔者认为快速消费品的区域办事处是企业下派的区域市场指导人员，与区域经销商不存在主从关系，他们是公司营销队伍的组成部分是与该地经销商处于同一层级的渠道网络成员，因此区域办事处与经销商之间应是如图4.4所示的参谋关系。

办事处的管理与考核由营销中心负责，是企业营销队伍管理的一部分。除了日常的管理考核之外还应该加强其财务管理，对办事处的运营费用除提供办

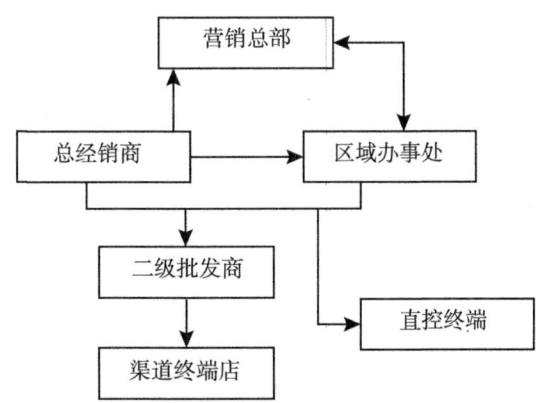

图 4.4 区域办事处的渠道模式

公及区域基本需要外实行与区域绩效挂钩的形式，加强办事处的责任感、降低渠道运营风险、保全公司利益。为此营销中心要加强财务监督与检查，对办事处的绩效考核应该制定科学的考核指标，如销量、回款、市场开发率、市场管理、渠道满意度、品牌生动化传播等。要做好区域办事处与营销中心的信息沟通，发现问题及时汇报、及时解决，真正发挥区域办事处的渠道优势。

（二）精耕乡镇渠道，打造渠道特色

中国特殊的国情决定了三四级乡镇渠道的重要性。如何抓住乡镇渠道的特点进行精耕细作成为快速消费品企业打造渠道特色化的关键工作。中国的乡镇市场网络还处于相当滞后的夫妻档阶段，经销商的经销意识比较纯朴；地区的复杂性和购买力的分散性给快速消费品渠道的管理带来很多不便；老百姓消费的差异性和多样性给企业的渠道评估提出了较大的挑战；渠道的无序性和商业发展的滞后性又显示了乡镇渠道建设的诱人发展机会。因此具有战略眼光的快速消费品企业往往是首先利用这块优势来塑造品牌形象，建立品牌忠诚度，非常可乐的渠道运作就是最有力的典范。

（1）快速消费品乡镇渠道的特点。

乡镇渠道经销商资金实力偏弱，抗风险能力低，经营能力相对不高，因此更需要一线营销人员的指导和维护；在企业资源极少投入的情况下，如何刺激乡镇渠道网络成员扩大销量更需要营销人智慧与技巧的发挥；乡镇渠道属于价格敏感型市场，消费者讲究的是实在、便宜，因此利用手中资源做促销能够吸引消费者大量光顾。乡镇市场的促销效果特别明显。

（2）快速消费品乡镇市场的精耕策略。

乡镇市场地理分布较为凌乱分散，各地区消费适应性差异较大。因此网络的开发与维护必须有清晰的思路和明确的指导原则。

首先，乡镇渠道的专业性经营很弱，不同产品营销存在很强的渠道共用性和销售互补性，因此快速消费品的网络开发不仅要有扫街式的勤劳，更需要用心琢磨网络开发的可行性。

其次，乡镇渠道的开发必须选择能弥补企业在终端销售劣势的批发商。比如在空白市场，企业为了让产品最快地进入目标乡镇，使消费者就近方便地购买，要充分借助分销商的通路优势，利用分销商的下级分销商、分店等通路实现产品的销售。

最后，乡镇渠道的精耕细作必须适时做好网络的调整和维护。乡镇渠道的网络维护要有智慧、有技巧地维护客情关系，在让经销商赚钱的基础上提高其盈利能力和经营管理能力；对批发商及其卖场人员开展定期的顾问式培训；不间断地发起渠道和终端强力攻势；从资金利用、投资收益、素质提高、利润需求等方面帮助批发商详细分析，提高其经营本企业产品的积极性和忠诚度。

总之，对于快速消费品企业来说，乡镇批发商是一个特殊的渠道层级，他们船小好调头，受利益的驱使，他们很可能中途调换经营品牌。因此企业对这类渠道管理最关键的就是精耕细作，培养其品牌忠诚度，只有这样才能打造差异化的渠道特色，全方位地满足消费者的需求，从而塑造品牌形象，提高消费者品牌忠诚度。

企业品牌形象的塑造和品牌忠诚度的建立不是一朝一夕的事情。通过渠道运转优势达成品牌效应；通过产品的高覆盖率和市场份额建立品牌知名度是最便捷、最快速的方式。对快速消费品这种流转快、消耗多、重复购买率高的产品来说，渠道优势则更为明显。因此中国的快速消费品企业必须善用这一点以在同类产品中取得竞争优势。

## 第三节　快速消费品成熟阶段的渠道提升策略

快速消费品的渠道建设进入成熟阶段，企业已经建立了相对完整的分销网络体系；产品的普及率和铺市率已经达到一定的高度，难以再创新高；整体市场需求和销售量趋于稳定；企业和产品的品牌形象已经初步建立并拥有一定的品牌知名度和忠诚度。因此，企业应该着重于渠道效率的提升和渠道形象的打造；逐步在各个分销区域健全渠道管理系统；继续完善渠道的运营体系；整合企业自身和经销商的优势资源实现市场全面渗透。为此，深度分销的实施和终端优势的打造成为快速消费品成熟期渠道提升策略的重点。

## 一、中国快速消费品成熟阶段的渠道完善及整合策略

### （一）渠道完善策略

（1）网络管理。

成熟阶段产品渠道网络的基本定型使企业的渠道开发工作接近尾声，渠道管理成员的工作重点转移到网络管理上来。网络管理的主要内容在于理顺并进一步融洽与各层级经销渠道的关系，加强网络末端零售商的开发与合作，制定深度渠道建设的策略与方针以及渠道策略的操作执行。主要表现为：

①建立渠道管理体系。渠道管理体系的建立是快速消费品成熟阶段渠道完善的必然趋势和重要选择。因为在上市和成长阶段的工作重点主要在于针对具体问题具体分析具体解决，并没有形成一个完整的体系。这样很容易带来渠道管理的随意性和决策的随机性。在渠道完善阶段建构管理体系可以确保渠道建设每一项工作都有规则可依，有制度可循。因此大大提高了渠道效率。渠道管理体系主要包括：针对不同等级经销商的政策制定和拜访制度的完善、零售商的控制与支持制度、客户档案的建立及信息的回馈与汇总系统、重点客户的直接接触以及技术支持的完善和客服体系的健全等。

②完善拜访制度。渠道信息的流通需要企业营销经理与本企业渠道网络成员的持续接触与合作。此时最重要的工作是以制度的形式对营销经理的拜访时间、路线、内容、目的等进行规范，同时通过拜访制度的完善加强对零售商的店面生动化设计与管理、产品陈列、促销实施等方面的指导、协助与支持。

③渠道策略的调整。成熟阶段的快速消费品市场竞争激烈，厂商之间围绕终端的博弈互不相让。此时企业应该针对竞争对手的渠道策略和经销商的行动方案适时地进行渠道策略调整，提高渠道监管和激励的力度，从最能销售产品的有效终端做起，实行资源倾斜、稳步求进、重点发展的渠道策略。

（2）网络控制。

成熟阶段的渠道争夺战异常激烈，此时，竞品往往企图通过各种手段来控制企业已经架构好的渠道进而实现市场占有；经销商往往以此为借口要挟企业增加市场投入、实行政策倾斜。企业的渠道完善处于"内忧外患"的境况当中。此时，当务之急在于通过强有力的网络控制策略，打击竞争对手，提高渠

道掌控能力等。网络控制的主要工作有：

①渠道掌控力的提升。企业要在竞争对手的渠道争夺战中占据优势，在与经销商的博弈中掌握主动权，必须切实提高企业自身的渠道掌控力，提高自身的核心竞争优势，通过提高产品的知名度和消费者忠诚度形成渠道定力。从而不仅可以控制现有分销商、保持已有的市场占有率，还可以吸引新的分销商加入竞争，为企业带来更大的利润和品牌形象的进一步提升。

②产品性价比的提升。快速消费品企业要不断满足消费者的需求，必须不间断地降低成本、提升服务。以期通过成本最低和向消费者提供与众不同的产品和服务来提升产品的性价比；通过渠道和服务提升产品的附加值。从而既满足了终端消费者的需求又增加了企业在网络控制中商洽的筹码，提升市场竞争优势，可谓"一举三得"。

（二）渠道整合策略

快速消费品渠道成熟阶段，由于激烈的竞争，产品竞争力的大小和竞争优势的强弱与企业分销网络的密集程度密切相关。在渠道开发能力即将达到极限的情况下如何继续提高渠道效率、发挥渠道优势、创造新的渠道效益成为快速消费品企业在渠道成熟阶段亟待解决的问题。总的方针是集合渠道优势资源、实施有效的渠道整合策略。主要包括以下几个方面的内容：

（1）各渠道优势/劣势分析。

在这一阶段，企业必须通过派驻业务人员和其他沟通交流方式进一步加强与经销商的联系与合作，认真了解并分析经销商的经营优势与劣势并有针对性地利用企业自身的劣势与优势实行互补，抓住经销商的经营短板，加强其继续合作的意识，通过长期紧密合作来巩固市场占有率。

企业要对经销商的存在价值和经营局限有充分的认识与了解，发挥企业在文化、品牌、管理、资源和人才等方面的优势，向经销商输送文化、理念、管理和人才并帮助经销商重新认识自身的优劣势，争取早日实现战略转型和管理提升；帮助经销商实现网络的全方位覆盖和终端的强力掌控；利用企业的资源和能力提高经销商服务终端的能力，以实现渠道成熟阶段经销利润的保持和提升；提高经销商继续经营本企业产品的积极性；实现长期厂商合作，构建相对稳定和双赢的营销价值链。

（2）整合双方优势，建立高度互补的厂商合作平台。

企业在充分分析厂商双方的优劣条件之后要善于进行整合，以企业的品牌资源为推动力，引导、利用、整合渠道资源来满足市场和消费者深层次的需求，继续发掘渠道营销潜力；企业利用其品牌和人员优势在终端操作方面提供人员支持、市场生动化工具、推广费用、物料支持，经销商发挥终端关系资源网络、营销队伍优势。在优势整合的前提下，占领高端市场，争取现代渠道优势，通过渠道扁平化和深度分销提高产品的分销效率和市场表现，争取渠道优势。渠道双方根据进一步保持并扩大市场份额的要求进行整体协同，发挥渠道整合优势，超越竞争对手并对竞争格局和规划施加有力的影响从而赢得顾客的忠诚，获得市场的主动，使企业在渠道成熟阶段激烈的市场争夺战中适应不确定的市场环境，获得持续的竞争优势。

## 二、渠道深度分销策略的选择与实施

具有强大经济实力和资源支撑能力以及管理优势力的快速消费品企业，往往在新品上市阶段就推行深度分销的渠道策略。他们通过在最接近顾客的终端市场上大规模铺市；通过空中媒体和地面推广整合营销直接介入终端；以疾进的传播攻势来包围消费者，迅速实现品牌认知，这是快速消费品深度分销策略最极端的形式。然而对于中国大多数快速消费品企业而言，由于受自身资源的限制，只能通过经销商将产品切入市场，经过渠道上市和成长阶段的运作逐步塑造品牌形象，建立品牌忠诚度；在渠道建设进入成熟阶段时，企业的资源实力、品牌优势逐步凸显，与经销商之间已经建立了相对和谐的关系。此时企业为了使自己的产品品牌得到更大消费群体的认可，最大限度地扩大其市场份额，必须具有更好的服务和与消费者更多地接触。为了达成这些目标，企业必须逐步实施深度分销的渠道策略、拉近企业与消费者的距离，提供更多展示机会和更直接的服务，使企业的渠道体系更加完善。

所谓深度分销就是企业对于网络运作有很深的参与、占有主导地位的一种分销模式。最理想的快速消费品深度分销模式是企业负责营销经理的管理、网络的开发、终端的维护、陈列与促销的执行等主要工作；经销商负责物流和资金流。大多数中国快速消费品企业根本无法达到这种理想状态，因此只能在与传统渠道结合的前提下逐步有选择地实施深度分销策略。

### （一）快速消费品企业深度分销策略的选择

扁平化的深度分销模式下渠道结构宽而短且对区域市场进行了空间细分，可以通过密集分布的渠道覆盖使产品和经营理念流往每一个市场层次和每一个市场角落。深度分销策略的选择对企业的资金、人力、物力、管理水平等都提出了较高的要求；企业营销管理相应的硬件、软件设备也必须跟上去。深度分销是市场成熟度（以占有率和销量指标为标志）和综合营销管理实力在协同和均衡的基础上，营销渠道运作进入精细化阶段的产物。

首先，深度分销的选择要求企业自身有较丰富的营销资源和较强的营销能力；终端渠道网络成员数量多且较为分散；营销管理人员组织驾控能力较强；能够有效预测和解决不确定情况下的市场问题；对现有经销商具有较强的指导和调控能力。

其次，深度分销策略的选择意味着企业与经销商之间管理幅度拉大，要求企业的管理水平发展到相对成熟的阶段，一旦超过企业管理水平提升的极限，深度分销往往会给企业渠道带来无效管理、渠道冲突加重甚至完全混乱，后果不堪设想。

最后，深度分销对企业的终端营销技巧提出了新的要求，要求渠道管理人员能够正确地把握消费者的消费心理，有针对性地进行终端陈列和生动化展示，开展卓有成效的推广与促销活动，以促成品牌形象的进一步提升。

深度分销渠道策略是快速消费品渠道建设进入成熟阶段的必然选择。因为在快速消费品的渠道启动阶段，强大的利润空间和政策支持给经销商的诱惑很大，随着企业营销模式从粗放化向集约精细型的转化，经销商的利差空间逐步缩小，经销商的积极性开始减弱。要保持渠道动力、提升渠道效率，企业不得不实施深度分销渠道模式以增加渠道运作的拉力作用。

(二) 快速消费品深度分销策略的实施

深度分销是品牌制造商和渠道运营商共同开发，提升区域市场效率最有效的市场策略与方法。主要思想是构建企业主导的、高度协同的营销链，大力培养和发展核心经销商，积极嫁接经销商的力量和资源；厂商齐心协力对市场实施滚动式开发与培育，以取得综合竞争优势。深度分销渠道策略的实施主要包括以下几个方面：

(1) 优化重组现有渠道，适度推行深度分销。

快速消费品深度分销策略的实施要求企业能够精炼化现有渠道链，借力渠道调整实现快速分销，在一级市场适度收缩渠道层级，化解可能的渠道冲突。

首先，实施省级大区分片管理，重新规划各级渠道的责、权、利分割；在开拓与维护原有渠道的同时根据具体市场环境和渠道运作情况，逐步转向现代渠道和服务系统；在优化重组现有渠道的同时，适时适地地推行深度分销策略，渠道管理逐步深入一线市场。

其次,争取对二批渠道的掌控权,根据经销商的经营能力合理分配各级渠道的势力范围;保持经销商销售队伍效能与经营地域划分的合理性;削减市场经营和管理的总成本,提高渠道盈利率。

最后,整合物流体系,在保持物流体系畅通高效运转的前提下将相对分散独立的物流管理系统整合成有效的渠道共享体系,进一步节省渠道运转费用,提高物流效率,实现渠道运营资源协同作用的发挥,更深入地接触终端。

(2) 转化现有渠道功能,实现品牌认知提升。

深度分销策略的实施对渠道功能进行了新的定位,渠道更多的是作为一种传播工具,以其生动化的展示与陈列、精彩的促销活动来开展形象宣传,从广告和推广等方面全方位包围消费者,促进购买的达成,从而实现市场份额的提升。

首先,通过饱满的陈列和高度的曝光率直接提升品牌认知度,在超级连锁等卖场和终端中,根据产品的不同价位、型号、规格等同时进场并进行堆头陈放,对消费者形成强烈的视觉冲击。

其次,通过生动化的产品陈列向消费者传达独特的产品诉求和产品卖点(USP)以及附加值点(EVP)。在卖场内根据不同的消费特征突出品牌形象和产品宣传、展销等特点,造成新鲜而全面的感官冲击。

再次,通过强有力的促销和推广攻势提升消费者体验消费的主动性,进而对消费者的产品认知和品牌知觉带来有力的效果;卓有成效的促销和推广活动将大大提升消费者的购买欲望,能够起到比广告等空中推广更有用的效果。

(3) 逐步展开广告攻势,增加市场拉力。

广告对终端购买形成的影响是非常之大的,它不仅可以给目标消费者带来美的感受而且会从内心深处对其展开全方位的攻击,促成多次购买的形成,进而提升消费者的品牌忠诚度。

广告作用的发挥必须要有强渠道支持和高铺市率以及高曝光率作为保证。在渠道建设相对成熟的情况下,广告对刺激消费者持续购买的影响力最强。因此,企业在推行深度分销渠道策略的过程中一定要注意适时地、逐步地开展有效的广告攻势,增加企业市场销售的拉力作用。

## 三、快速消费品渠道终端优势的打造及应用策略

随着快速消费品渠道建设进入成熟阶段,不同品牌之间的渠道争夺战和市场份额抢夺战已经进入白热化的阶段。"终端堵截"成了快速消费品营销的主

要特征。流通渠道在持续萎缩,大多数快速消费品企业开始了以终端市场运作为中心来精耕渠道。企业一方面通过原有渠道层级的服务与监控使其产品能够及时、准确而迅速地通过各渠道环节到达零售终端,使消费者能够便利地买到;另一方面,在终端市场进行各种各样的促销和推广活动,提高产品的出样率和陈列效果,激发消费者的购买欲。快速消费品企业要想把企业做大做强就必须深入细化终端,打造渠道终端优势,强化终端竞争力。

(一)终端的价值分析

(1)强大的广告效应。

在业界有一个非常著名的观点:做终端=做广告,此观点虽然有些武断,但它在很大程度上展示了终端的广告效应。超市、卖场等零售终端人流量大,大型网点的短时消费者(尤其是购买力较强的消费者)覆盖率达到80%以上。快速消费品可以通过有限的终端覆盖大部分的目标消费群。在媒介信息杂乱、拥挤、效用下降的信息社会,终端的品牌拉动可以起到很好的广而告之的效果。

(2)有效的经济效应。

快速消费品在做传统渠道的同时,强化终端营销可以带来较大的经济效益:一方面,终端销售使产品销量大幅上升,提高了市场占有率,可以取得更多销售利润;另一方面,销量的持续上升可以分摊管理费用和渠道运营费用,发挥规模效应的作用,提高企业的盈利水平。

(3)显著的品牌效应。

快速消费品企业在终端运营过程中的生动化陈列、形象展示、促销宣传、公益赞助等活动能够大大强化企业的品牌形象,提高消费者的"指名购买率";同时能够争取到更强的终端谈判地位和更优惠的交易条件,吸引更多的渠道商来经营产品;使企业的品牌形象得到进一步的提升、品牌知名度得到进一步的巩固。

(4)优越的竞争效应。

出色的终端操作除了能够增加企业利润、巩固品牌忠诚度之外还可以打造一种竞争对手无法仿效的竞争优势。高效率的整体终端运作使竞争对手根本无法与之抗衡,进而被淘汰出高效主流终端市场被迫转向效率低下的非主流终端市场。由此企业就能获得更好的盈利能力和持久的竞争优势。

(二) 终端运作的职能分析

(1) 终端职能定位的基本原则。

在快速消费品的终端运作过程中，业内存在很多误区。很多企业往往容易抛弃传统渠道网络成员自建网络、直接操作终端一步到位使渠道扁平化。这种做法忽视了经销商在终端运作中的关键作用，是极端错误而且极其有害的。快速消费品企业离开经销商奢谈渠道建设和终端销售是虚无缥缈、根本行不通的。事实上，在中国这样一个特殊的市场营销环境中，快速消费品行业的渠道建设几乎就等于经销商管理，无论企业采取何种渠道运营策略，经销商永远是不可或缺的主力军，尤其对于终端操作这样的精细化渠道建设来说，经销商更是核心力量。

娃哈哈总经理宗庆后认为快速消费品企业应该充分利用中间商推进产品销售，企业只能在强化分销模式的前提下去做终端。从中国成功的快速消费品企业渠道运作经验中我们可以总结出快速消费品企业终端运作的一般原则：在快速消费品终端运作中，制造商的核心工作是打造强势的品牌竞争力，为经销商的终端运作提供有力的政策和策略支持；经销商工作的重心则是在制造商品牌形象力和协销系统的支持下，最大限度地整合网络资源和促销资源，在渠道运作上精耕细作，在深度分销理念上做好终端，在优化客户关系价值链基础上掌控终端。

(2) 终端运作的制造商与经销商具体职能定位。

快速消费品的终端运作应该采用深度营销模式，构建以制造商为主导、高度协同的营销链，积极利用双方力量和资源支持终端运作，形成厂商共作终端的局面。

①快速消费品终端运作中制造商的职能。快速消费品终端运作中制造商主要处于宏观指导和调控地位，主要负责深度分销的一级市场、大型超市卖场和专业连锁等新兴终端的运作；对经销商运作的传统终端予以支持和指导；提供相应的人力和营销资源支持并进行全盘运作。在具体终端运作上，制造商应该发挥其在营销管理和组织方面的能力以及资源优势；承担终端整体规划、推广策划与组织及整合营销传播等工作。

②快速消费品终端运作中经销商的职能。快速消费品终端运作中经销商主要起到策略执行和终端接触的作用，主要负责大型新兴终端的配送和结算职能；小型传统终端的整体操作职能以及日常的终端理货、导购员管理、货物配

送等终端维护职能;积极支持和协助企业促销活动的操作与执行。在具体运作上,经销商应该发挥其地缘优势和多产品运作的组合优势;利用其关系网络资源,在进场谈判、促销实施和社区活动等方面起主要作用。

### (三) 快速消费品终端运作策略

(1) 设计高效的终端产品组合和价格体系。

终端的高效运作需要针对市场消费特点、竞争对手情况、终端条件等确定不同类型终端主推产品的品种和价位;需要有针对性地根据终端特点提供有竞争力的差异化产品,保持高、中、低档产品的强势组合以满足不同消费层次消费者的需求并保持稳定合理的终端销售利润。

(2) 开展灵活多样、贴近市场特点的促销活动。

终端的生动化操作离不开灵活多样的促销活动,企业可以抓住新品推广、传统节日、价格调整、渠道扩展等营销机会开展生动有趣的促销活动。整合企业营销资源使促销与广告、公关等活动相互配合,提高整体终端运作效果;同时可以有选择性地开展买赠活动、张贴广告、制作店招、悬挂条幅等。

(3) 创新终端运作方式和手段。

陈旧而老套的终端运作自然无法有效吸引消费者的兴趣,自然也无法提升产品购买率和品牌形象。因此,企业在运作终端时要有动态创新的理念和手段,根据不同时段有针对性地围绕品牌定位开展别开生面的陈列、包装、促销创新,提高消费者的互动参与率,活跃终端氛围,提升有效销售。

(4) 细化终端日常维护工作。

终端竞争的白热化对其精细化运作和管理提出了较高的要求。企业必须深入掌握客户关系管理(GRM);加强终端客情维护;制定终端业务工作流程和定期的客户拜访制度;设计高效的终端购买阶段的动态信息管理体系;大力开展与消费者深度互动的顾问式咨询与沟通。

(5) 强化营销人员终端工作技巧培训。

营销人员是整个营销链条中最为关键的一个环节,加强营销人员终端工作技巧培训是提高终端运作效率的关键所在。在终端操作过程中企业应该就终端铺市、终端陈列、终端促销、终端纠纷解决、终端客情维护等方面的工作技巧进行培训,提高终端营销经理和导购员的职业素养和专业水平。这样既能提高终端产品销量又能统一终端形象,提升品牌价值。

快速消费品终端运作的本质在于强化品牌与消费者的沟通,增强消费者的互动反应，提高产品的指名购买率。企业要不断地创新终端运作方式、延伸终端运作深度、完善终端管理体系、强化终端运作力度；提升企业产品的形象力和品牌力；构建企业主导、分工协作的营销价值链；培育经销商经营能力；积极嫁接整合渠道资源；打造竞争者难以模仿的终端优势；创造快速消费品企业持续的渠道竞争优势。

# 第五章　快速消费品战略性渠道建设的政策制定

对于快速消费品行业而言，无论是制造商还是经销商在渠道运营过程中时刻在追求自身利益的最大化。企业渠道政策的设计既要满足经销商的利益追求又要实现自身的目标利益。如何合理调配两者之间的利益矛盾成为快速消费品企业渠道政策设计的关键。快速消费品渠道政策的制定应该着眼于长远而非短期利益，立足于战略而非战术层面；盯住品牌竞争优势打造而非简单的经济利润创造。因此快速消费品渠道建设是一个系统而庞大的工程，既包括宏观的政策把握又包含微观的价格政策、促销与推广政策、品牌政策的制定。为此，企业在渠道政策制定之前应有一个如图 5.1 所示的完整的政策管理系统。

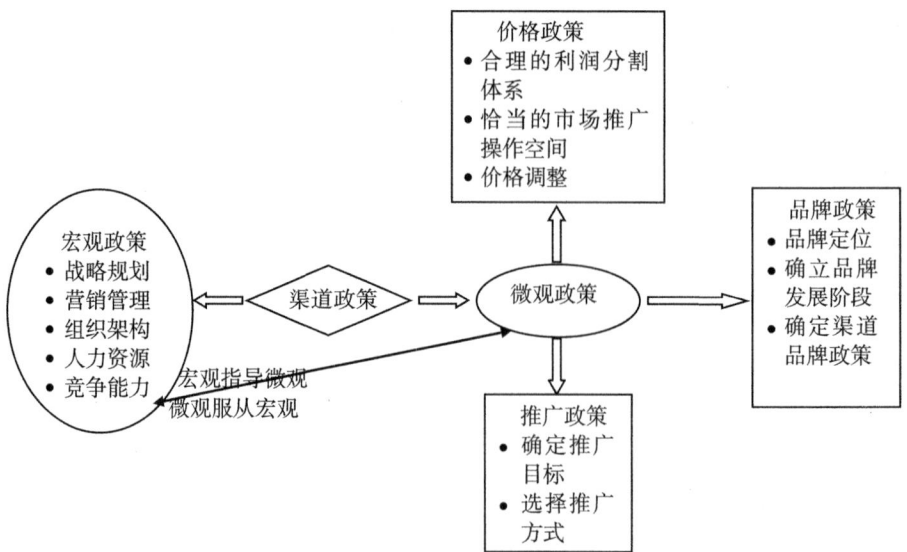

图 5.1　渠道的政策管理系统

宏观渠道政策过于庞杂，鉴于篇幅限制，本章不做论述。对于与本书密切相关的部分政策，笔者在前文中已作交代。在下文中，笔者将在遵从快速消费品宏观渠道政策的前提下对快速消费品微观渠道政策的多个方面进行简要的论述，以期对中国迷茫的快速消费品企业有所指导和借鉴。

## 第一节　快速消费品渠道的价格政策

快速消费品的渠道价格，对经销商有着直接的利益关系，因为它关系到经销商利润空间的大小和渠道流转利润的大小。对快速消费品企业而言，渠道价格必须可以弥补前期产品研发、生产、推广方面的巨大投入。因此能否制定合理的双方均能接受的合理的价格政策是企业把产品推向市场成败的关键所在。

### 一、快速消费品渠道价格体系的构成因素

快速消费品渠道的价格体系是一个包含有利润空间、操作空间的管理体系（见图5.2）。

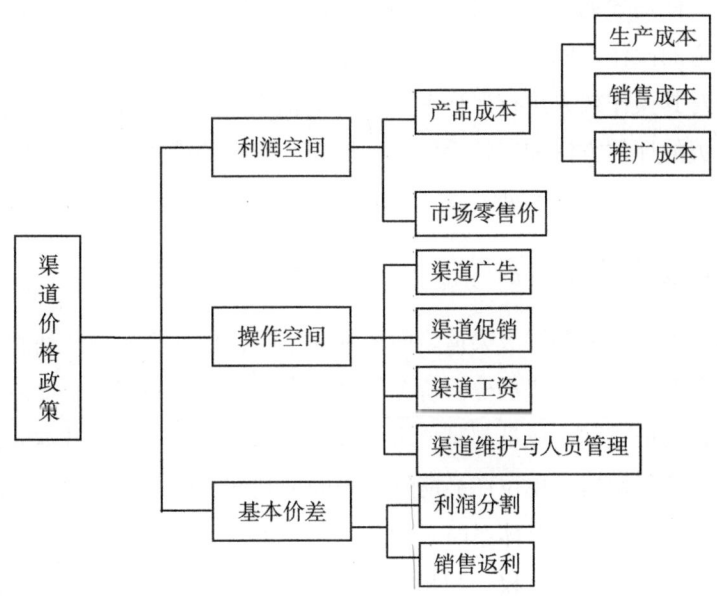

图5.2　渠道价格政策的构成因素

## (一) 渠道的利润空间

渠道的利润空间是指快速消费品出厂价与市场价格之间的差异。利润大小对产品在渠道中的销售具有重要的影响。合理的利润空间是制定快速消费品渠道价格政策的基础。因为它既要保证企业利益又要能够激发经销商的经营积极性，所以利润空间的确定具有挑战性。

渠道利润空间的制定首先要考虑产品在生产过程中、销售过程中以及推广过程中所发生的相关费用。一般而言，生产规模越大，渠道层级越短，分销网络越密集，产品的成本越低；其次要根据快速消费品的品牌认知、营销目标和同类竞争产品的价格确定产品的市场零售价；最后，采取适当合理的定价策略确定产品的最终零售价格，从而确定产品渠道的利润空间。

## (二) 渠道的操作空间

快速消费品渠道的操作空间是指企业在渠道建设和运营过程中，根据渠道特点设立的不同渠道层级的政策支持和操作费用，主要包括区域市场的广告、促销费用、促销导购员的工资，经销商的销售奖励、重点终端的进场和维护费用等。渠道的操作空间一般是经销商在企业的监控和指导下实施和执行，对此企业必须对其操作效果进行严格考核并针对活动下达可行的销售任务和指标，要制定有关的评估方法和审核手段。既提高经销商的销售热情，又保证企业操作空间的营销资源落到实处，发挥实际效果。

## (三) 基本价差体系

基本价差指产品各层级渠道之间的利润空间，包括产品渠道利润分割和各级经销返利两个基本组成部分，价差体系的合理与否关系到整个渠道的运营效率。因为各级渠道网络成员都是追求利润最大化的经营单元，基本的价差直接反映了经销商每销售一单位产品能够获得的毛利润，价差越大对经销商的吸引力越大，企业在设计价差体系时必须认真考虑和平衡各级渠道的利润分割点，使之与各自所承担的责、权、利相匹配。另外，企业还要根据各级经销商的产品销量确定有效的返利政策。

## 二、快速消费品渠道价格的确定

### (一) 确定合理有效的利润分割体系

快速消费品行业通常的做法是透支企业营销资源设计过宽的价差以迎合经销商的口味,达到迅速启动渠道的目的。这种高开低走的做法往往能够迅速提升区域销量,但是由于缺乏有效的价格控制和合理的利润分割体系,经销商价格操作空间过大,很容易导致渠道竞价,从而引致价格崩盘,渠道陷入完全僵化的局面。为了防止这一悲剧的发生,企业应该以前瞻性的战略视角确定合理有效的利润分割体系。

合理的利润分割体系是渠道流动的内驱力,它能够获得渠道流转的动力,通常而言,渠道的利润分割体系包括如图 5.3 所示的基本价差、销售奖励、促销员工资、津贴补助、驻地业务支援五个方面。

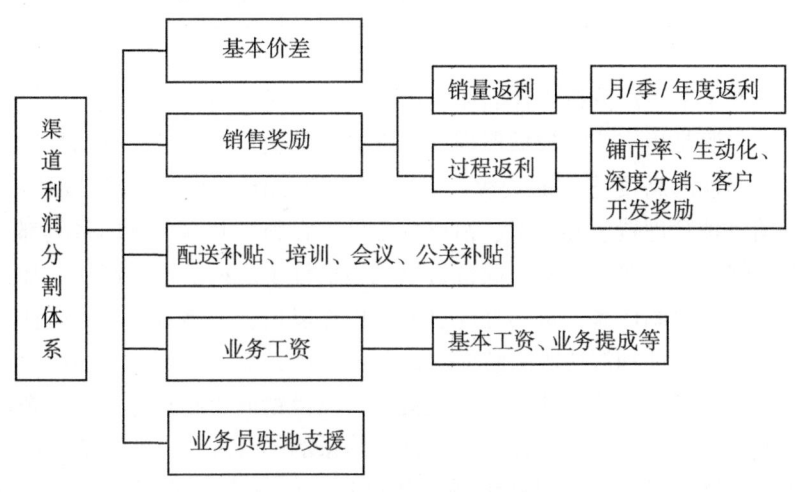

图 5.3　渠道利润分割体系

渠道利用利润分割体系的设立过程其实是企业内部营销资源优化配置、全面营销管理的过程。合理的利润分割体系必须既能调动各级渠道的经营积极性,又能保证企业营销资源的合理利用。它必须确保渠道价盘的稳定性、市场开发的引导性、市场均衡的调节性、企业对渠道的可掌控性以及渠道流转动力的持续性。为此,企业在设计渠道利润分割体系时必须能够尽量稳定各级渠道网络成员的利益，引导他们与企业达成一致愿景，要动态地协调各渠道层级间的矛盾与冲突，确保企业短期利润和长期发展的均衡性。

渠道利润分割体系的设立与企业的产品成本、推广成本等有关系。以典型的通过差价获得渠道运转力的快速消费品白酒为例，产品生产成本一般很低，但推广成本却很高。对经销商价差设计一般比较宽泛，会提供更多额外优惠政策（见表5.1）。

表 5.1　　　　　　　　　　白酒价格体系组成

（假定最终零售价为"100"个单位）

| 生产成本 | 总经销商价格 | | | | 二级批发商 | | | 零售终端 | | |
|---|---|---|---|---|---|---|---|---|---|---|
| | 提货价格 | 政策支持 | | | 提货价格 | 政策支持 | | 提货价格 | 进场费用 | 促销提成 |
| | | 年终返利 | 广告促消费 | 人员工资 | | 月末返利 | 广告促销费 | | | |
| 8 | 70 | 6 | 25 | 25 | 75 | 4 | 20 | 80 | 15 | 15 |

从表5.1中不难分析为什么在快速消费品市场上白酒会出现品牌重复替代现象了。白酒是生产成本较低但推广成本极高的快速消费品，靠的是后期销售量来弥补前期的高度透支的资源。在前期渠道运作上，除开省级媒体、广告费、营销经理管理费、办公费、招待费之外，在整个利润分割体系上都是处于高度亏损状态，大多数白酒厂商盲目乐观地估计了后期的销量回报，却又缺乏强有力的渠道控制体系。事实是经过前期操作以后，大多数经销商往往是被其他品牌高额的前期利润所吸引转而改做其他品牌，对于原有产品的库存往往是通过降价、窜货的方式迅速消化。这就是白酒经销商年年挣钱而生产企业却年年亏损的原因。究其原因就在于利润分割体系的不合理性。快速消费品的利润分割体系应该尽量避免"以利引诱"的办法，应该合理分析各级经销商可能的盈利能力，使不同层级的利润空间保持相对均衡的状态。

对于总经销商而言，它应该作为生产企业的物流和资金中转商，主要依赖下游渠道网络成员的支持获取市场销量。因此，应该设计相对较小的价差和较丰厚的销量返利和过程返利。主要通过对总经销商的适当销售量（严格按企业规定的区域划分和价格体系销售的数量）和市场管理过程两个指标来对总经销商进行考核，总经销商的经营利润主要来自于生产企业的销量返利和过程返利而非价差和生产企业补贴。

快速消费品的二级批发商主要协助企业和总经销商进行产品分销，产品的销量主要来自于渠道这一环节。二级批发商数目众多，单个二批商销量有限，因此为了吸引更多的二批商，企业在设立利润分割体系时必须保证二批发商有5%～10%的毛利率。另外，为了推进销售还必须支持一定的路牌、横幅、店招、遮阳伞等促销物料，必要时以同类但不同规格的产品向二批商提供返利和驻地营销经理支持等，以提高其经营产品的积极性，确保其渠道操作的规范性。

快速消费品的销售终端是树形象、造氛围、提销量的关键渠道，而且这一级渠道多是商超、卖场、连锁店、酒店、宾馆等商业性质较浓的场所，是产品到达消费者手中并被消耗掉的直接渠道。因此，企业一方面应该给予终端大约15%～30%的高价差，另一方面还应增派着装统一、形象一致的导购员，并给予合理销量奖励，针对各终端的设计需求开展灵活多样的促销活动，张贴POP、海报牌、易拉宝、展示柜等形象促销物料，既提高产品的销量又树立品牌形象，提高消费者的"指名购买率"。

合理而均衡的渠道利润分割能够引进渠道不断地形成新动力源，以保持渠道的恒久动力。因此，快速消费品企业在实施渠道价格政策时一定要重视渠道利润分割体系的设计与优化。

（二）确定恰当的快速消费品市场推广操作空间

快速消费品各级渠道利润分割总和并不是排除企业成本和利润后全部空间的分配。因为在产品从生产到消耗的过程当中还存在若干不可预知的环节，如临时的渠道激励、促销活动的开展、经销商见面会、订货会等。对这些活动可能涉及的费用，企业在设计利润分割体系时应该有一个初步的预测和预留，这就是快速消费品市场推广操作空间。这是一个企业预留营销资源再分配的过程，这一部分资源是快速消费品企业掌握在手的最后一道"杀手锏"，不到关键时候不要随意乱用。

市场推广操作空间预留的主要目的是在于选择恰当时机弥补渠道的利益不足，以提高渠道网络成员的积极性，便于生产企业对市场机会的把握和渠道的掌控，有利于企业整合营销资源，机动地给渠道加压和减压，达到渠道流转的平衡。

企业在运用市场推广操作空间这部分资源时应该选择适当的时机，采取适当的方法。如利用对某区域政府部门实施销售公关进行赞助；在需要经销商配合企业融资的情况下给予适当返利等。总之应选择区域独特的市场机会来开展活动既要起到平衡渠道利益、增加产品销量、树立品牌形象的目的又不至于引起其他区域的不满和嫉妒，带来不必要的渠道冲突。

（三）根据市场运营情况及竞争状况合理调整快速消费品的价格

渠道产品价格并不是一成不变的，企业可以在渠道运营过程中根据市场实际状况和竞品的价格状况合理调整产品的价格。但由于价格的变动对渠道利润空间和渠道价格都有所影响，因此企业在制定快速消费品价格政策中必须明确市场价格变动与渠道价格变动之间的关系，保证市场产品价格体系的稳定性。总体上来说，在大部分竞品都提高/降低市场价格和渠道价格时，企业也应该相应地提高/降低市场价格和渠道价格；在企业产品旺销、企业希望借此扩大分销网络、占领市场并通过产品销售产生的规模经济带来利润或希望借此冲击竞品、挤占市场时，应该提高产品的零售价保持渠道价格不变以确保渠道网络成员的销售利润；在产品的品牌形象较高、消费者需求很大且企业对渠道有较强控制能力但竞争较激烈时，企业可以降低零售价格，保持渠道价格不变；当市场竞争激烈，大部分竞品竞相降价时，企业应该在降低零售价的同时相应降低渠道价格，但此时企业一定要进行整体的营销策划，侧重开发本企业产品的优势差异。

总之，企业无论采取何种价格调整策略都必须在认真分析本企业和竞争企业产品价格及销售状况、对该行业发展潜力和未来趋势预估的基础上进行。价格调整必须在不打击经销商积极性增加企业经营利润、打造企业差异化竞争优势的前提下开展的，如果不能达到预期的调价目的，快速消费品的价格体系则不能随意调整。

## 第二节　快速消费品渠道的推广政策

推广是把一件无形的事或有形的产品通过有形和无形的手段达成被广泛认知的行为。其目的就在于让消费者了解产品或品牌，使消费者发觉自己的利益需要并产生需求和欲望最终达成购买。渠道推广是为了使渠道建设达成规模效益、提高铺市率和产品销量、提高渠道网络成员积极性和渠道努力程度的行为。企业在制定渠道推广政策时一定要做到定位优先、目的明确、时间集中、方式对应。因为只有明确企业渠道的定位和渠道推广的目的，制定相应的渠道政策并采用对应的推广方式，安排合理的推广活动，才能实现渠道推广的成功。

## 一、快速消费品渠道推广政策的目标

渠道推广目标的确定是制定推广政策的前提。渠道推广既有长期目标又有短期目标,既有单一目标又有综合目标。只有推广目标明确,企业才能利用有效的推广手段和策略以助促成推广目标的达成。通常情况下,快速消费品渠道的推广目标主要有以下几种:

(一)达成渠道对产品、企业、渠道政策的认知,扩大分销网络,实现高铺市率

这一推广目标一般是在渠道的开发阶段,为了促进渠道认知与理解、引发渠道兴趣、达成进货、迅速提高铺市率。产品在渠道开发阶段一个重要的指标就是产品的铺市率。它对实现产品认知度和知名度的提升有重要作用。此时的渠道推广能够与广告宣传相配合吸引消费者购买,稳定产品的市场地位。具体目标可分解为重点地区和新进入地区分销商网络的扩大以及新分销网络的开发。

(二)树立企业形象,巩固渠道网络成员的合作热情和信心

快速消费品企业形象的好坏直接影响到渠道网络成员的合作热情和对企业的信心。这一推广目标主要是树立企业的品牌,维护企业长远利益,带动产品品牌,推动企业当前利益与长远战略利益的结合,提高渠道网络成员的积极性和促进渠道战略合作伙伴关系的建立。

(三)扩展分销网络,提升销量,扩大市场份额

扩展分销网络一方面为了把销售量做大,另一方面主要是为了提高产品的市场覆盖率。为此要进一步通过刺激现有经销商进货、开发新的营销网络、寻找利基市场等方式来拓展分销网络,提升产品的销量,扩大市场份额,实现生产与销售的规模效益进而实现企业渠道利润的最大化。

(四)适应产品销售季节转换

由于快速消费品的产品特点和消费者需求的变化,快速消费品大多具有非常明显的销售季节特性。为适应这一变化企业常常在旺季进入淡季时大力开展渠道推广以达到延长旺季和鼓励经销商大量囤货的目的;在淡季开展渠道推广往往是为了深化消费者认知、维护产品知名度、为旺季实现销量上升做准备。

### (五) 对抗竞争品牌，打造差异化竞争优势

积极应对竞争对手的渠道策略、对抗竞争品牌是渠道推广极为重要的目标之一，特别是面对同类产品差异性不大、消费者具有较强的识别能力并了解市场状况时，企业往往通过针对竞争对手的销售政策开展渠道推广政策，打造差异化竞争优势，以使本企业的产品和企业形象给消费者以独特的印象，维持并提升消费者的忠诚度。

## 二、快速消费品渠道推广方式的选择

快速消费品渠道推广方式的选择有其明显的时间、地点差异性。在不同时间、不同地点、不同推广目标下，企业所选择的渠道推广方式也有区别。比如在渠道拓展阶段应该以推广教育为主，而在渠道建设阶段则要以地面建设和形象建设为主；产品导入和上升阶段推广力度应该要大，而在成长和成熟阶段的推广则主要侧重于新品牌和新概念的推广。企业在选择渠道推广方式之前一定要综合考虑渠道阶段、目标、竞争态势等情况进而选择恰当而有效的推广方式。

### (一) 渠道认知与开拓阶段的推广政策

在快速消费品渠道认知与开拓阶段，企业产品尚未被广大消费者广泛认知，市场需求没有被开发出来。此时的渠道推广应该着重向消费者告知产品的利益和特性，达成经销商的支持和部分消费者首次感性购买以快速促进渠道认知与理解，引发渠道兴趣，达成进货，迅速实现铺市率。因此在此阶段的渠道推广主要以宣传教育为主。主要推广策略体现为用适当的媒介向渠道传达产品优势信息，强化产品基本利益，介绍企业综合实力，发布有关企业对渠道的优惠供货政策、服务方式及推广支持等信息；发布强力度的推广信息着重强调渠道政策强大的利润空间和营销支持，以吸引经销商加入渠道建设体系。在零售商的产品推广过程中，企业应该以品牌促销、陈列和生动化展示，提供适当的媒体广告支持，配合终端的促销活动作全方位的多媒体推广，对终端零售商作直接的销售奖励以增强其向上游渠道进货的拉力，提高不同层级渠道合作经营企业产品的积极性，实现渠道拉力的联动效应。在促销销量的同时提高口碑效应，加强渠道网络成员的合作意向。此时企业不能过急地操作品牌告知而要采用软启动市场的方式待时机成熟再进行品牌的快速推进。

（二）渠道巩固与发展阶段的推广政策

在快速消费品渠道巩固与发展阶段，企业的产品已经被认知，市场需求开始显现并迅速扩大，消费者的购买开始关注品牌。此时的渠道推广重点应该是告知产品特点和优势，加强品牌告知，应该把地面媒体的传播方式与其他媒体统一起来，以大力拓展分销网络，稳固已有的经销商刺激其进货并鼓励其提高产品销量，提高渠道网络成员经营企业产品的信心。主要推广策略体现为初步树立企业产品的品牌形象，明确告知企业产品的概念特点和品牌概念信息，用品牌的独特点迅速将企业品牌与其他品牌区别，着重强调由于产品的特色与品牌的市场价值能够给经销商带来的利益，同时加大企业促销政策的宣传力度，大力宣传企业对渠道网络成员优惠而灵活的促销政策，如各种形式的价格折让、折扣、免费使用/品尝、终端助销、推广补贴、人员支持、管理培训等；初步推行深度分销策略配合终端零售商做促销及生动化展示；配合各级经销商开展形式不一的推广宣传和渠道关系维护。为了增强渠道网络成员的经营信心可以通过权威媒体刊登专题广告软文，强化企业与产品的正面宣传效果。同时通过优质服务完善管理和专业培训等提升品牌形象，建立品牌知名度。

（三）渠道维护与稳定阶段的推广政策

在快速消费品渠道维护与稳定阶段，企业产品的个性化特征已经凸现出来，品牌的重要性与企业产品的个性利益已经达到融合。此时渠道推广的目的主要是围绕产品的个性化、品牌概念的强化、为建设不同层级的市场用不同的媒体形式达成不同的推广目的，实现推广层级化，使市场建设更加稳固，使产品在渠道市场上取得更大的利润。在此阶段渠道推广的作用在于调整渠道网络关系，加强渠道掌控力，巩固维持厂商的战略合作关系。主要推广策略体现为着重强调企业在资金、管理、人力资源等方面的实力和良好的信誉以及给经销商带来的产品利益之外的附加价值和延伸价值，给经销商提供长久盈利率的保障和盈利能力的培养。通过配合终端零售商的促销、生动化展示和全方位的媒体推广来树立企业品牌形象，强化企业品牌与产品品牌深远的文化理念。通过形式多样灵活的公关推广与形象展示来巩固渠道网络成员的合作信心，致力于与渠道网络成员战略合作关系的建立，在同类竞品中打造独特的差异化渠道优势。

总之，渠道的推广政策是多种多样的，组合型推广策略是包括产品政策、人员管理、公关活动等多种形式的综合利用。在运用时一定要结合渠道建设的阶段性和竞争状况有选择地加以实施。

## 第三节 快速消费品渠道的品牌政策

品牌是企业营销总体战略在产品市场上运作的核心，它不仅是进军市场的独特筹码而且是企业形象的象征，因此在制定渠道政策时品牌政策同样是不可或缺的关键环节。品牌是用来识别产品或者企业的名称的符号和象征，包括品牌名称、标志、图案、商标等内容，一个完整的品牌概念蕴含着属性、利益、价值、文化、个性、用户六个方面的因素，这六个方面不仅包含了品牌的基本内容而且还包含了它能够带给消费者附加价值的利益点。快速消费品在渠道建设的过程中应该力争使自己的产品和企业能够给渠道网络成员和消费者带来产品消费以外的附加利益。只有这样才能保持经销商的经营积极性和消费者的购买欲望，打造竞争者无法仿效的渠道优势。

### 一、快速消费品渠道的品牌定位

#### （一）快速消费品渠道品牌定位的内容

品牌定位就是明确未来希望强加在消费者头脑中的一个品牌概念。这个概念应该和品牌名称、色彩、图形等紧密相连。企业在进行渠道品牌定位时必须考虑产品品牌名称与产品性质内在的关联性，使渠道网络成员联想到经营此产品的利益；使消费者联想到产品的利益、品质及作用并体现出品牌的精神内涵和心理定位。企业在进行品牌定位时一定要先找出企业关于营销状况、利润结构、营销方式及渠道走向、营销目标与沟通环境等发展方向，确保企业产品信息的传达和企业信息的发布以及所有企业内外表达出来的信息和消费者沟通时的一致性；确保品牌本质外表及表现的统一性。不论在何时、何地、何种节奏的市场环境下都能让消费者一眼辨认出其品牌形象、迅速感受其语言、接受同一种理念。在产品品牌的诉求上一定要通过一定的情节和感性的沟通语言让消费者感受到自身所需要的利益点与品牌特征的强烈关联关系。快速消费品的品牌定位除了遵循上述所讲的品牌定位规则之外，一定要着力强调一种健康的、欢快的、幸福的、温馨的家的感觉，让消费者产生品牌诉求上的共鸣。

随着经济的发展，广告信息不断地充斥于消费者的生活，导致广告的成本不断上升，而广告效果却不断下降。品牌定位的要求越来越高，难度越来越大。如果品牌定位不能很好地迎合消费者的品位，让消费者喜欢，或不够精准,所传播的"点"不能吸引消费者的"眼球",让消费者瞬间就能产生一试的冲动,那么品牌的核心竞争力就可能被大大削弱。

### (二)快速消费品渠道品牌定位的步骤

第一步:分析快速消费品行业环境。

企业必须从市场上的竞争者开始,弄清他们在消费者心中的大概位置,以及他们的优势和弱点。同时需要考虑的,是市场上正在发生的情况,以判断推出区隔概念的时机是否合适。

第二步:寻找区隔概念。

分析快速消费品行业环境之后,要寻找一个有力的品牌推广概念,使企业自身品牌独特优势与竞争者区别开来。

第三步:找到支持点。

有了区隔概念,还要找到品牌概念支持点,让它真实可信。任何一个区隔概念,都必须有据可依。区隔不是空中楼阁,消费者需要你证明给他看,品牌必须能支撑起自己的概念。

第四步:传播与应用。

并不是有了区隔概念,就可以等着顾客上门。最终,企业要靠传播才能将概念植入消费者心智,并在应用中建立起自己的定位。企业要在每一方面的传播活动中,都要尽力体现出区隔的概念。

### (三)快速消费品渠道品牌定位的方法

快速消费品渠道品牌定位可以从两个点出发,即产品和消费者。在产品单一的市场,产品本身的独特功能与利益点,往往能获得消费者的青睐,但在产品高度同质化的市场,在产品本身已很难再找到一个与众不同的点,这时就往往从消费者的潜在需求出发,去寻找一个定位点,即消费者需求什么,想要什么,我们就结合我们的产品,去传播什么。

从以上分析当中我们不难看出,品牌定位的两种思维模式,在寻找"定位点"的过程当中,有着本质的不同。尤其是在品牌多元化的时代,如何迎合消费者的潜在需求,寻找精准的定位点,已经越来越重要。

### (四)快速消费品渠道品牌定位的策略

(1)心理迎合使品牌的心理定位与相应产品的功能、利益相匹配。

消费者的认同和共鸣是产品销售的关键。定位需要掌握消费者心理,把握消费者购买动机，激发消费者的情感，不失时机地进行市场调查。成功的定位一是必须简明扼要，抓住要点，不求说出产品全部优点（但要以产品真正优点为基础），但求说出异点。品牌定位要有针对性，针对目标顾客关心的问题和他们的欣赏水平；二是定位必须是能让消费者切身感受到的，如不能让消费者作为评定品质的标准，定位便失去了意义。

事实上，消费者认知和选购某个品牌的产品，可能是出于理性，也可能出于感觉（如味道），还可能是因为情感共鸣，甚至是直觉喜欢，对不同的产品，企业可根据不同的目标市场，通过透视该市场消费者消费心理，采用不同的定位。所以把握消费者消费心理动机是定位的基石。

（2）审视品牌环境使品牌定位与企业资源相协调。

受品牌产品有用性等因素的限制，品牌定位应有所区别。品牌定位必须考虑产品本身的特点，突出产品特质，使之与消费者需求相匹配。

另外，在竞争优势上品牌定位的成功与否并不一定取决于企业的综合实力而在于谁能将自己的优势有效融合到品牌定位的过程中，从而塑造出个性化的品牌。

（3）创造品牌差异寻求差异点，提炼个性。

从竞争角度分析竞争者的定位信息，是为了赢得与竞争产品的比较优势，而这种比较优势是针对同一顾客群的，所以，只有目标市场与本企业相同或相似的竞争者定位信息才对本企业有价值。善于分析竞争者定位信息，寻找差异点，这是成功品牌定位的重要因素。

（4）凝练品牌定位理念建塑品牌形象。

品牌定位理念是品牌定位的灵魂，它是企业通过品牌定位活动力图传达给消费者的一种概念。品牌定位理念借助质量定位、功能定位、包装定位、渠道定位、价格定位、广告定位等几个方面得以实现，消费者也是从上述方面来了解和接受企业的品牌定位理念的。一般来说，品牌定位理念是附着在一定的品牌定位方式之上的，而品牌定位方式则通过质量、功能、广告等方面中的一个或几个的组合表现出来。另外还需强调品牌定位理念形成以后，如得到市场认同就应该保持其稳定性，当然企业可根据市场需求据此对定位方式进行调整，但切忌不要轻易否定自己的定位理念，要知道使企业的品牌定位理念根植于市场是需要有一个漫长的过程的。

## 二、快速消费品不同品牌发展阶段的品牌政策

品牌形象的培养是一个长期而系统的过程，它不仅需要企业强大的资金实

力而且需要在营销管理、广告、促销等方面有效的管理与实施。产品品牌处于不同的阶段企业营销管理的侧重点和渠道政策的选择和实施也不同。因此企业在对渠道制定品牌政策时一定要分析产品发展的进程,确定其品牌的发展阶段,有针对性地根据其阶段特点实施不同的渠道政策。

(一) 品牌创立阶段的渠道政策

(1) 开展对产品品牌的广泛告知。

通过举办产品发布会和参加展览会等形式向渠道宣传或派遣营销经理,对经销商进行详细的告知宣传或通过寄发宣传资料向渠道广泛告知;通过对竞品的调查分析,制定适合自身状况且吸引经销商的政策和措施,鼓励经销商进行试销。

(2) 加强品牌的统一性和整体性,实现品牌与产品的视觉统一。

在视觉设计上制定标准色、图形、物件的使用手册产品陈列;制定统一的常规陈列与特殊陈列标准;在生动化手段上制作形象一致的价签、宣传品、异形标牌、三维动画;在人员形象和作业标准上统一服装、统一理货员、导购员选择及作业标准;在客情维护上设计专门用于客情的礼品以在视觉上对消费者形成强烈的冲击。

(3) 传播品牌的市场定位,为品牌提升打基础。

最初品牌定位能否在消费者及社会公众中树立预期的品牌形象,实现品牌与目标市场的有效对接,使品牌获得增值,品牌定位传播至关重要。要在深入了解消费者及目标市场的基础上,针对不同的消费群体,从他们的"期望需求"上找到与目标品牌的价值契合点,通过广告、公关、销售促进等手段大力宣传、重现、强化公司个性化的定位理念,不断传播公司品牌的利益点。

(二) 品牌提升阶段的渠道政策

(1) 着重宣传产品品牌的品质,加强对品牌市场定位的宣传,树立品牌良好的市场形象。

产品是品牌的基础,品牌反作用于产品上。在产品达到一定的水准后,企业应该借新产品推出之机,花费更多的时间和精力去考虑品牌的提升问题,让更多的消费者认识企业品牌,而并非仅仅局限于使用过企业产品的消费群中。品牌带给消费者的东西远远多于产品本身,依靠品牌赢得的消费者才具有最大的忠诚度。在品牌提升阶段,企业应该在渠道内加强产品品质和市场定位的宣传,实现渠道产品品质和品牌形象的联动效应。

(2) 通过自办展示会、参加大型展览会、专业的营销组织以及有针对性的宣传资料等形式向渠道加强宣传。

品牌的提升不仅仅是停留在产品技术参数的提升上,还需通过多种渠道对消费者进行传播,其中经销商渠道发挥着十分直接和形象的传播功能。因此,企业需要适时地开展多种形式的展示会通过加强专业营销组织成员培训来完善销售网络宣传活动进一步展示企业品牌形象。

### (三) 品牌维持阶段的渠道政策

(1) 定期宣传产品品牌,维持品牌在渠道中的形象和地位。

快速消费品在进行渠道品牌传播时,应该定期对消费者的价值观、文化观等进行深入考察,尤其是区分不同的消费人群,从而有效选择品牌内涵中能让消费者接受并理解的元素进行宣传,进行清晰的利益概念阐释,以维持品牌在渠道中的形象和地位。

(2) 根据渠道实际情况对经销商安排定期的宣传活动。

在渠道品牌维持阶段,企业应该进一步融洽与渠道网络成员之间的关系,除了日常的业务联系之外,还应该进一步加强企业品牌形象的宣传,在区域市场内定期安排进货奖励、销售推广、公关促进等宣传活动,以进一步促进渠道品牌认知,提升品牌忠诚度。

# 第三部分 总 结

## 一、研究的局限性

在本研究中，笔者站在战略的高度对中国快速消费品渠道建设各个阶段可能出现的问题进行了初步研究并提出了解决方案，在渠道政策的研究上也提出了富有建设意义的建议，对中国快速消费品企业的渠道建设具有指导作用。但是由于时间的限制、研究条件的缺乏和研究能力的不足，本书还存在以下不足：

（1）没有利用充分的实证对提出的策略进行验证。笔者针对本论题虽然查阅了大量的文献资料，也进行了部分快速消费品企业的实地调查，但由于本人快速消费品企业实践经验的相对欠缺，导致本书只是根据业界研究的现状对渠道建设进行演绎与分析，并没有对提出的策略进行充分的论证。

（2）论题的范围比较广，对快速消费品行业内细分市场指导意义不够。快速消费品是包含香烟、饮料、日化等产品的市场，行业内不同产品的渠道特征区别很大。笔者对此没有进行区分。

（3）区域市场研究范围过窄。笔者在本书仅仅针对某一区域市场（主要是样板市场）的渠道建设进行了规范，由于中国市场的特殊性和差异性笔者没有对企业在全国市场的渠道运作提出统一的运作建议。

（4）产品生命周期和渠道成长阶段笼统。笔者在本书中主要针对渠道建设的不同阶段进行演绎，并没有对渠道阶段和产品生命周期阶段进行详细的区分。

## 二、进一步研究的方向

笔者选择了一个对中国营销理论和实践都具有重大指导意义的论题，本书的研究范围相当广泛，因此具有更大的研究空间：

（1）本书研究了快速消费品整个行业渠道建设的共性特征，还应该针对更加细分的产品市场进行研究。

（2）本书研究了快速消费品区域市场的渠道运作，还应该针对快速消费品全国性的渠道建设进行研究，力争提出适合全国市场运作的精华。

（3）笔者在本书中对快速消费品渠道建设策略和政策进行了系统而详细的定性分析，在以后的研究中应该利用数学模型的定量分析，使之更加具有科学性和说服性。

笔者在以后的学习和研究中主要从以上方向进行展开和论述，力争为中国快速消费品企业的渠道运作和战略规划提出有力的建议，力争对中国的快速消费品行业的持续运营作出新的贡献。

# 参 考 文 献

[1] [法] 让·诺尔·卡菲勒. 战略性品牌管理 [M]. 王建平, 曾华, 译. 北京: 商务印书馆, 2000.

[2] 王元勇, 王增明. 如何打造品牌——强势品牌创建与发展 [M]. 北京: 工商出版社, 2002.

[3] 陆娟. 现代企业品牌发展战略 [M]. 南京: 南京大学出版社, 2002.

[4] 何佳讯. 品牌形象策划——透视品牌经营 [M]. 上海: 复旦大学出版社, 2000.

[5] Boush D M, Loken B. A Process-Tracing Study of Brand Extension Evaluation [J]. Journal of Marketing Research, 1991, 28 (1): 16-28.

[6] 屈云波. 品牌营销 [M]. 北京: 企业管理出版社, 1996.

[7] 张文霞. 中国快速消费品的品牌传播研究 [D]. 华中科技大学, 2007.

[8] 宋永高. 品牌战略和管理 [M]. 杭州: 浙江大学出版社, 2003.

[9] 叶明海. 品牌创新与品牌营销 [M]. 石家庄: 河北人民出版社, 2001.

[10] 吴佐夫. 品牌营销 [M]. 北京: 中国华侨出版社, 2002.

[11] 陈放. 品牌学——中国品牌实战原理 [M]. 北京: 时事出版社, 2002.

[12] 周朝琦, 侯文. 品牌经营 [M]. 北京: 经济管理出版社, 2002.

[13] 郑莹. 快速消费品品牌个性对消费者购买意愿的影响研究 [D]. 武汉工程大学, 2017.

[14] 菲利普·科特勒. 营销管理 [M]. 上海: 上海人民出版社, 1999.

[15] 王咏, 管益杰. 从消费者心理看快速消费品的营销与品牌建设 [J]. 中国广告, 2003 (9): 21-23.

[16] 黄江松. 品牌战略 [M]. 北京: 中国金融出版社, 2004.

[17] 李云虹. 大学生对快速消费品品牌 APP 的使用意愿研究 [D]. 山东大学, 2016.

[18] 何君, 历戟. 品牌知识经营原理 [M]. 北京: 中央民族大学出版社, 1999.

[19] 卢泰宏,谢飙.品牌延伸的评估模型[J].中山大学学报(社会科学版),1997(6):9-14.

[20] Yasunori Fujita. Analytical Modeling Research for Luxury Fashion Products: Optimal Timing of Brand Extension in a Stochastic Market [M]. Springer Singapore, 2017.

[21] 许忠荣.多品牌策略在快速消费品行业中的应用[J].中国商贸,2010(2):27-28.

[22] 雷莉,马谋超.品牌延伸评价中的学习机制[J].心理科学,2003(2):360-361.

[23] 薛可,余明阳.品牌延伸:资产价值转移与理论模型创建[J].南开管理评论,2003(3):54-60.

[24] 陈勇星.合理界定品牌延伸的内涵和外延[J].湖州职业技术学院学报,2003(1):26-29.

[25] 江智强.试论品牌延伸成功的基础、条件、关键和保障——兼谈如何成功品牌延伸[J].商业研究,2002(23):104-107.

[26] 张永安,黎小林.品牌延伸及其条件初探[J].暨南学报(哲学社会科学版),1998(4):118-121.

[27] 赵晓飞,陈涛.品牌营销的原点回归[J].企业研究,2003(9):44-46.

[28] Sullivan M W. Brand Extensions: When to Use Them [J]. Management Science, 1992, 38 (6): 793-806.

[29] 范秀成,高琳.基于品牌识别的品牌延伸[J].天津大学学报(社会科学版),2002(4):44-48.

[30] 张传忠.如何成功地实现品牌延伸[J].江苏商论,2003(8):155-157.

[31] 符国群.品牌延伸研究:回顾与展望[J].中国软科学,2003(1):76-82.

[32] 杨眉,王阵军.品牌延伸策略中的品牌核心价值中心论[J].兰州文理学院学报(社会科学版),2003,19(3):67-70.

[33] 盛圣.品牌延伸的基本理论及应用[J].江苏商论,2003(2):108-110.

[34] 张新锐,杨晓铮.品牌阶梯——品牌知名度、美誉度、忠诚度[J].经济管理,2002(21):15-17.

[35] Bhat S, Reddy S K. The impact of parent brand attribute associations and affect on brand extension evaluation [J]. Journal of Business Research, 2001, 53.

[36] 余明阳．论品牌延伸的评估模型［J］．特区经济，2000（3）：13-18.

[37] 周志民．试论品牌延伸的边界［J］．商业经济与管理，2001（7）：12-16.

[38] 江智强．论品牌延伸的效果与评估——成功品牌延伸的新思路［J］．商业研究，2001（9）：135-137.

[39] 雷莉，马谋超．品牌延伸中母品牌的作用机制［J］．心理科学进展，2003，11（3）：350-354.

[40] 徐洪水．关于品牌延伸热的理性思考［J］．商业经济与管理，1999（2）：35-37.

[41] 胡晓娣，张洪波．理性品牌延伸的三环理论及策略［J］．山东理工大学学报（社会科学版），2004，20（2）：42-46.

[42] 舒立峰．品牌延伸的科学原则［J］．企业经济，1999（6）：27.

[43] 张剑．理性应用品牌延伸策略［J］．生产力研究，2008（8）：163-165.

[44] 王丰国．对企业运用品牌延伸策略的几点建议［J］．江苏商论，2004（8）：22-23.

[45] 江智强．品牌延伸的基本心理模式探讨［J］．商业研究，2004（12）：95-98.

[46] 胡晓剑．论企业的品牌延伸［J］．商业研究，2002（20）：113-115.

[47] 易世志．论如何避免品牌延伸的风险［J］．重庆交通大学学报（社会科学版），2004，4（2）：60.

[48] William B. Dodds, Jean B. Romeo. An investigation of how similarity and price influence consumers' responses to brand extensions［J］. Journal of Business & Psychology, 1991, 6（2）: 247-263.

[49] 胡晓娣，张洪波．理性品牌延伸——巧借品牌杠杆力［J］．企业经济，2004（3）：62-64.

[50] 周军．影响品牌延伸的关键要素［J］．现代企业，2004（3）：42-43.

[51] 文俊鸿，丁跃．浅析品牌延伸策略对品牌建设的影响［J］．红河学院学报，2004，2（1）：87-90.

[52] 杨履榕，祝圣训．企业如何成功运用品牌延伸策略［J］．中国中小企业，2004（3）：36-37.

[53] 黄静，彭华东．提炼品牌核心价值：品牌延伸有效性的重要途径［J］．科技进步与对策，2003（11）：83-85.

[54] 卢玮．企业营销实践中的品牌延伸策略［J］．服饰导刊，2003，15（6）：21-22.

[55] 李建明. 品牌延伸和中国企业 [J]. 上海综合经济, 2003（12）: 75-76.

[56] 冯磊. 品牌延伸的动因及基础条件分析 [J]. 价值工程, 2010, 29（5）: 48-49.

[57] 喻汇. 品牌延伸战略实施探究 [J]. 肇庆学院学报, 2003（6）: 71-73.

[58] 王宇航, 王斌. 企业实施品牌延伸时应注意的几个问题 [J]. 技术经济与管理研究, 2003（6）: 89-90.

[59] 裘晓东, 赵平. 如何实施成功的品牌延伸战略 [J]. 商业研究, 2003（3）: 138-139.

[60] Broniarczyk S M, Alba J W. The Importance of the Brand in Brand Extension [J]. Journal of Marketing Research, 1994, 31（2）: 214-228.

[61] 吴赣英. 品牌延伸策略的再分析 [J]. 企业经济, 2003（1）: 103-106.

[62] 邵建生. 企业品牌延伸策略应用分析品牌管理 [J]. 管理评论, 2002（10）: 33-35.

[63] 孙永波, 袁月. 互联网企业品牌延伸述评与展望 [J]. 商业时代, 2017（12）: 69-71.

[64] Aaker D A, Keller K L. Consumer Evaluations of Brand Extensions [J]. Journal of Marketing, 1990, 54（1）: 27-41.

[65] 邵景波, 李泽昀, 高子强. 奢侈品母品牌价值感知对延伸品购买意愿的影响——顾客满意和品牌信任的链式中介作用 [J]. 预测, 2019（3）: 38-44.

[66] 混沌研习社. 茅台啤酒, 会给国酒品牌带来多大伤害 [J]. 公关世界, 2017（7）: 98-101.

[67] 王琦. 品牌延伸决策模型及实证检验 [D]. 上海交通大学, 2008.

[68] 孙国辉, 韩慧林. 品牌延伸效应的研究评述与展望 [J]. 中央财经大学学报, 2014, 1（9）: 73.

[69] 许亚磊. 消费者对品牌延伸评价的影响因素的实证研究 [D]. 复旦大学, 2007.

[70] 于春玲, 李飞, 薛镭, 等. 中国情境下成功品牌延伸影响因素的案例研究 [J]. 管理世界, 2012（6）: 147-162.

[71] 柴俊武, 赵广志, 何伟. 解释水平对品牌联想和品牌延伸评估的影响 [J]. 心理学报, 2011, 43（2）: 175-187.

[72] 刘勇, 刘凤军. 品牌延伸的 AHP 综合评价模型及实证分析 [J]. 兰州学刊, 2006（6）: 130-133.

[73] 谢奉军，罗明．品牌延伸的关键因素与实施策略［J］．中国经贸导刊，2006（5）：52-53.

[74] 周灼维．品牌延伸对母品牌的影响［J］．经济论坛，2006（1）：106-107.

[75] 汪腾．浅析品牌延伸战略给企业带来的风险及对策［J］．科技资讯，2007（5）：100-101.

[76] 纪丽华，宋永高．品牌联想影响品牌延伸的实证分析——基于海尔的研究［J］．江苏商论，2009（35）：26-29.

[77] Jean-Noël Kapferer. Strategic Brand Management：New Approaches to Creating and Evaluating Brand Equity［J］. Journal of Brand Management，1992，3（3）：207-208.

[78] 史凯．宝洁公司的道与术［J］．企业管理，2005（6）：25-26.

[79] 刘晓兰．纳爱斯腾飞的四大"秘笈"［J］．企业管理，2005（3）：80-83.

[80] 丁俊发，张绪昌主编．跨世纪的中国流通发展战略研究［M］．北京：中国人民大学出版社，1998：112-116.

[81] 陈文铃．对发展我国物流产业的调查与思考［N］．中国经济时报，2001-07-10.

[82] 谭长春．价值炼钢化渠道冲突［J］．销售与市场，2005（1）：16-17.

[83] 魏庆．招招"见血"打冲货［J］．销售与市场，2005（7）：46-53.

[84] 林佑刚．健力宝：营销模式向左还是向右［J］．销售与市场，2005（5）：40-44.

[85] 庄贵军，周筱莲．权力、冲突与合作：中国工商企业之间渠道行为的实证研究［J］．管理世界，2002（3）：117-124.

[86] 王朝辉．营销渠道理论前沿与渠道管理新发展［J］．中央财经大学学报，2003（8）：64-68.

[87] 施炜．渠道模式的选择［J］．销售与市场，2005（1）：28-30．

[88] 陈春花．渠道设计的关键是价值分享而非利益分享［J］．销售与市场，2005（4）：37-39.

[89] 于俊秋．企业营销渠道的新变革［J］．经济与管理研究，2001（6）：66-68.

[90] 屈云波．深度分销未来发展趋势［J］．销售与管理——渠道实战，2003（10）：6-10.

[91] 刘卫华．找回渠道运转的推动力［J］．销售与市场，2005（2）：71-73.

[92] 苏勇, 陈小平. 关系型营销渠道理论及实证研究 [J]. 中国流通经济, 2000 (1): 51-54.

[93] 刘永炬. 渠道 [M]. 北京: 中国工人出版社, 2003: 68-90.

[94] 晓石. 营销渠道不是单行线 [J]. 销售与管理——渠道实战, 2003 (10): 14-17.

[95] 哈佛商学院 MBA 教材系列. 市场营销管理 [M]. 北京: 红旗出版社, 1998: 297-299.

[96] Louis W. Sterm, Adel I. EI-Ansary. Marketing Channels [M]. Uper Saddele River, NJ: Prentice Hall, 1996.

[97] E. Raymond Corey. Industrial Marketing: Cases and Concepts [M]. Uper Saddele River, NJ: Prentice Hall, 1991.

[98] Heide J. B.. Interorganizational Governance in Marketing Channels [J]. Journal of Marketing, 1994, 58 (1): 71-85.

[99] 朱秀君, 戚译. 从博弈论看营销渠道的冲突与合作 [J]. 商业经济与管理, 2004 (4): 14-17.

[100] [美] 道芬内斯·普赖斯. 21 世纪 CEO 的经营理念 [M]. 刘中晏, 等, 译. 北京: 华夏出版社, 1999: 168-170.

[101] Roberta Duffy, Julie Murphree. The Power of Purching and Supply Chain Management [J]. Fortune, Oct. 26, 1998: 52.

[102] Frazier, Gary L. Interorganizational Exchange Behavior in Marketing Channels: A Broadened Perspective [J]. Journal of Marketing, 1983, 47 (4): 68-78.

[103] 郭咸纲, 陈力凡. 企业柔性战略模式 [M]. 北京: 清华大学出版社, 2005: 27-50.

[104] Tsay A., N. Agrawal. Channel dynamics under price and service competition [J]. Manufacturing and Service Operations Management, 2000, 2 (4): 372-391.

[105] Young, Louise C, Wilkinson, Ian F. The Role of Trust and Cooperation in Marketing Channels: A Preliminary Study [J]. European Journal of Marketing, 1989, 23 (2): 109-122.

[106] 庄贵军, 席酉民. 中国营销渠道中私人关系对渠道权力使用的影响 [J]. 管理科学学报, 2004 (6): 52-62.

[107] Lisa Harrington. How to Join the Supply Chain Revolution [J]. Inbound Logistics, 1995 (11): 21.

[108] Louis P. Bucklin. Competition and Evolution in the Distributive Trades [M]. Uper Saddele River, NJ: Prentice Hall, 1972.

[109] 刘永炬. 推广 [M]. 北京: 中国工人出版社, 2003: 5-17.

[110] Laurie Joan Aron. Home Depot Finds Logistic Strength in Numbers [J]. Inbound Logistic, 1994 (9): 29.

[111] Desiraju, R., S. Moorthy. Managing a Distribution Channel under Asymmetric Information with Performance Requirements [J]. Management Science, 1997 (43) 12: 1628-1644.

[112] 王璞. 营销管理咨询实务 [M]. 北京: 中信出版社, 2003: 166-219.

[113] Leo Aspinwall. The Marketing Characteristics of Goods//Four Marketing Theories [M]. Boulder: Univerisity of Colorado Press, 1961: 27-32.

[114] Sumit K. Majumder, Venkatram Ramaswamy. Going Direct to Market: The Influence of Exchange Conditions [J]. Strategic Management Journal, 1995 (6): 353-372.

[115] Rajiv Dant, Patrick Kaufmann, Audesh Paswan. Owership Redirection in Franchised Channels [J]. Journal of Public Policy and Marketing, 1992 (Spring): 33-34.

[116] 卢泰宏. 解读中国营销 [M]. 北京: 中国社会科学出版社, 2004: 35-65.

[117] James D. Hlavacek, Tommy J. McCuistion. Industrial Distributors: When, Who, and How [J]. Harvard Business Review, 1983, Mar./Apr.: 97.

[118] 陈宁. 大型经销商: 转型时刻 [J]. 销售与管理——行业经销商, 2003 (4): 9-12.

[119] 丰华. 黄酒企业如何招商 [J]. 销售与市场, 2005 (6): 15-16.

[120] 吉桥. 渠道何以为王 [J]. 企业管理, 2005 (2): 36-40.

[121] Robert D. Buzzell, Gwen Ortmeyer. Channel Partnerships Streamline Distribution [J]. Sloan Management Review, 1995 (Spring): 85.

[122] Wroe Alderson. Dynamic Marketing Theory: A Functionalist Theory of Marketing [J]. Journal of Retailing, 1965, 41 (4): 58.

[123] James C. Anderson, James A. Narus. A Model of Distributor Firm and

Manufacturer Firm Working Partnership [J]. Journal of Marketing, 1990 (1): 42-58.

[124] 陈军. 借力分销：小店尽在掌握 [J]. 成功营销, 2004 (10): 7-8.

[125] Kleinaltenkamp M, Ehret M, Fließ, Sabine. Customer Integration in Business-to-Business-Marketing // Hans Mühlbacher, Jean-Paul Flipo. Advances in Services Marketing [M]. Deutscher Universitätsverlag, 1997.

[126] Adel I. EL-Ansary. Perspectives on Channel System Performance//Robert F. Lasch, Paul H. Zinszer. Contemporary Issues in Marketing Channels [M]. Norman: University of Oklahoma Press, 1979: 50.

[127] 侯书森. MBA 市场营销学精华读本 [M]. 北京：民主与法制出版社, 2002: 117-139.

[128] [美] 斯蒂芬·P. 罗宾斯. 组织行为学 [M]. 北京：中国人民大学出版社, 1997.

[129] Svensson. Extending trust and mutual trust in business relationships towards a synchronised trust chain in marketing channels [J]. Management Decision, 2001, 39 (6): 431-440.

[130] 顾力，王海霞. 非常可乐如何对抗国外品牌 [J]. 企业活力, 2002 (6): 14-15.

[131] 闫治民. 盘活快速消费品的城市根据地 [J]. 成功营销, 2005 (3): 90-92.

[132] 张圣泉，等. 营销渠道中的免费搭乘现象 [J]. 企业经济, 2005 (8): 28-29.

[133] Janet E. Keith, Donald W. Jackson, Lawrence A. Crosby. Effect of Alternative Types of Influence Strategies under Different Dependence Structures [J]. Journal of Marketin, 1990 (7): 30-41.

[134] 王海泳. 制造商如何与 KA 博弈 [J]. 成功营销, 2004 (3): 84-85.

[135] Kenneth G. Hardy, Allan J. Magrath. Ten Ways for Manufacturers to Improve Distribution Management [J]. Business Horizons, 1988 (11/12): 68.

[136] Iyer, G.. Coordinating Channels under Price and Nonprice Competition [J]. Marketing Science, 1998, 17 (4): 23-28.

[137] Allan J. Magrath. Differentiating Yourself via Distribution [J]. Sales & Marketing Management, 1991 (3): 50-57.

[138] 刘卫华. 渠道运营：从"连接"向"包围"的演进 [J]. 销售与市场, 2005（1）：71-73.

[139] 凌力. 超市消费者行为分析与营销创新 [J]. 市场营销, 2004（11）：17-19.

[140] 米尔顿·科特勒. 中国市场营销的战略问题 [J]. 企业活力, 2002（1）：42-45.

[141] 叶茂中. 谈营销 [M]. 北京：中国工商联合出版社，2001：255-260.

[142] 求诸子. 经销商才是做终端的主力军 [J]. 销售与市场, 2005（3）：42.

[143] Steven J. Skinner, Julie B. Gassenheimer, Scott W. Kelley. Coorperation in Supplier-Dealer Relations [J]. Journal of Retailing, 1992（Summer）：174-193.

[144] 张英奎. 营销渠道管理中的产品问题 [J]. 企业研究, 2005（2）：58-59.

[145] 史伟. 产品成功进入市场的奥妙 [J]. 投资与营销, 2005（2）：23-24.

[146] 朱伟. 白酒销售渠道规划 [J]. 销售与管理——渠道实战, 2003（10）：64-66.

[147] 郑纪东. "以点带面"引爆区域市场 [J]. 成功营销, 2004（9）：59-60.

[148] 梁启华. 渠道冲突管理 [J]. 企业经济, 2005（7）：29-30.

[149] 傅煜. 营销内参 [M]. 深圳：海天出版社，2003：112-122.

[150] [美] 菲利普·科特勒. 营销管理 [M]. 梅汝和，等，译. 北京：中国人民大学出版社，2001：485-502.

[151] 谭长春. 服务第一，管理第二——"消费者导向"修正渠道 [J]. 成功营销, 2005（3）：73-74.

[152] 孙建开，程爱学. 市场总监 [M]. 西安：西北大学出版社，2003：235-259.

[153] 庄贵军. 权力、冲突与合作：西方的渠道行为理论 [J]. 北京工商大学学报（社会科学版），2000（1）：8-11.

[154] 徐广业，但斌，肖剑. 基于改进收益共享契约的双渠道供应链协调研究 [J]. 中国管理科学, 2010, 18（6）：59-64.

[155] 易余胤，袁江. 渠道冲突环境下的闭环供应链协调定价模型 [J]. 管理

科学学报, 2012, 15 (1): 54-65.

[156] Virginie Baritaux, Magali Aubert, Etienne Montaigne, et al. Matchmakers in Wine Marketing Channels: The Case of French Wine Brokers [J]. Agribusiness, 2006, 22 (3): 375-390.

[157] Rajdeep Grewal, Ravi Dharwadkar. The Role of the Institutional Environment in Marketing Channels [J]. Journal of Marketing, 2002, 66 (3): 82-97.

# 后　　记

　　企业的生存和发展离不开有形资产和无形资产两种资源，有形资产是企业的身躯，无形资产是企业的灵魂，是企业的核心竞争力，它们相互依存，相互促进，共同为企业的建设添砖加瓦。对于快速消费品而言，品牌和渠道是最关键的两种无形资产，品牌优势和渠道优势是快速消费品企业竞争优势的两种外在表现，只有树立了强势的品牌和营销渠道，快速消费品企业才能在中国激烈的市场竞争中打造竞争优势，实现企业目标。

　　基于此，本书在分析中国快速消费品产品特征和企业面临的市场环境基础上，根据快速消费品企业普遍需要解决的问题，着力从品牌延伸和渠道深耕两个方面探讨快速消费品的致胜之道。笔者一方面主张在快速消费品整个品牌生命周期中都对品牌延伸给予充分的考虑和关注，打破了传统的品牌生命周期理论，倡导研究品牌延伸战略管理，提高品牌延伸理论研究水平和实际能力，推进企业理性、成功延伸品牌；另一方面提出产品不同生命周期阶段的快速消费品渠道管理策略，在此基础上，从产品、价格、品牌、传播等多个方面提出中国快速消费品的渠道管理政策，以期为中国快速消费品品牌延伸和渠道管理提供新的方法和管理策略。

　　本书的如期付梓，得到了许多人的鼎力相助。它离不开许多师长的指导，领导的关怀，朋友和同学的支持与鼓励。

　　笔者首先感谢湘潭大学任天飞教授！任老师循循善诱，将两位年轻的笔者带入市场营销学这块神奇的研究领域，使她们在营销理论和实践研究上不断前进。在笔者的成长过程中，任老师言传身教，教会了很多治学和做人的道理；在本书的完成过程中，任老师细致而认真地从选题方向、写作思路、分析方法、理论创新方面给予了我全面的指导。

　　笔者特别感谢张新慧先生，他在营销学的实战运用上和在快速消费品领域长期丰富的营销实战经验给笔者提供了重要的学习平台，使我有机会将自己所学的理论在企业营销实战上得到充分的运用。不仅如此，张新慧先生还提供了大量的理论和实践资料，在本书的写作过程中，他提出了很多宝贵的意见，没有他的细心指导，本书不可能如期完成。

  笔者还要特别感谢的是笔者的父母和孩子，是亲人们辛勤的劳动和默默的关怀与奉献给了笔者不断克服困难，勇往直前的信心和勇气，没有他们的支持就不可能有本书！

  最后，感谢武汉大学出版社范编辑，在本书的出版过程中，范编辑给予了大量支持和帮助，在此一并感谢！

  学术之路还很漫长，唯有不忘初心、继续前行，才对得起无私支持和帮助我们的人！

**涂艳红　王苏洲**
2020 年 2 月于湖南长沙